학교폭력 전문 변호사가 알려주는 신고사례와
학폭위처벌 행정심판의 모든것

부제 : 네이버 최대 카페 "학폭톡"

KB192411

학교폭력 전문 변호사가 알려주는

신고사례와
학폭위처벌
행정심판의 모든것

문인곤 지음

전국학교폭력피해자회

목차

학교폭력 사례

사례 1. 증거수집을 못했던 엄마 발 동동구르는 이야기

무더운 여름날, 이제 막 초등학교 1학년이 되어 학교에서 친구들을 많이 사겨 너무 좋다고 매일 집에 와서 조잘 되던 우리집 웃음꽃 시우가 어느날 말수가 없어졌습니다. 매일 함께 놀던 도윤이와 쉬는 시간에 종이접기하고 노는 이야 기도 예준이와 기다리던 점심시간에 밥빨리 먹고 매일 줄넘기했던 이야기도 하지 않았습니다.

항상 1시반 하교길에 기다릴때 엄마인 저를 보면서 달려오던 시우가 어느날 부터는 친구들이 다 나오고 난 다음에야 눈치를 보면서 맨 마지막에 나오기 시작했습니다. 남편에게 시우가 이상하다고 하니, 매일 시우 양치질을 도와주 던 남편이 시우를 데리고 목욕탕을 한번 다녀오겠다고 했습니다. 일은 그날 주 말 목욕탕을 다녀오고 나서였습니다. 남편은 시우와 목욕탕을 다녀오고 편의 점에서 바나나 우유를 사먹인 다음에 저에게 몰래 전화를 걸었습니다.

"여보, 놀라지 말고 들어 방금 시우랑 목욕을 했는데.."

저는 남편의 첫만디를 듣자마자 다리에 힘이 풀리고 가슴이 철렁 내려 앉았 습니다. '설마...'했던 일이 현실이 되었기 때문입니다. 숨을 꼴깍 삼기면서 부엌 의자에 겨우 앉았고 남편이 전화로 말을 계속 이어갔습니다.

"시우 팔이랑 다리에 멍이 들어 있더라고, 그래서 내가 웃으면서 물었어"

"시우야, 이거 놀다가 다친거야?"

그랬더니 시우가 처음에는 아무말 안하고 차가운말에만 계속 왔다갔다하면 서 놀더라고 그래서 목욕탕에 앉아서 때를 밀면서 가볍게 한번더 물었어

"시우야~ 근데 이거 멍 아프겠다. 아빠도 어렸을적에 자전거 타다가 크게 넘

어졌을 때 멍 이렇게 크게 났었다? 그런데 이거 빨리 치료 안하면 나중에도 계속 있어! 시우도 엄마랑 자전거 타다가 넘어졌구나!"

그랬더니 시우가 뭔가 기억하기 싫은 과거를 기억해내면서 얼굴 표정이 일그러지더니 이렇게 말했습니다.

"아니야, 나 자전거 타다 넘어진거 아니야, 도윤이랑 예준이가 나를 붙잡고 마구 때렸어. 나는 아무말 못했어. 그래서 학교가기 싫어"

이 이야기를 남편한데 듣고 나서는 마음이 철렁 내려앉았습니다. 내일 월요일부터는 바로 학교에 다시 가야하는데, 주말 숙제한거, 텀블러에 새물을 받아둔거, 필통 새로산건 다 필요없게 느껴졌습니다. 그렇게 아이를 잘 안다고 생각했는데, 막상 가장 큰일을 당할때 그 조그만한 아이는 혼자 오롯이 힘든 것을 이겨내고 있었습니다. 이런 상황은 처음이라 어떻게 대처해야할지 몰라서, 컴퓨터를 켜고 검색을 하기 시작했습니다. '학교폭력' '초등학교폭력' '학폭위' '변호사' 등등 처음 보는 마주하고 싶지 않은 단어들을 계속 검색해 나갔습니다. 시우를 재우고나서도 밤새 검색을 했습니다. 아마 그날 새벽이 제 인생에서 가장 긴 밤이었습니다. 저는 가정주부이고 남편은 평범한 회사원이라 경찰서, 법원등을 한번도 경험해본적이 없어서 경찰, 법 이야기만 나와도 가슴이 덜컹 내려 앉습니다. 아이를 그냥 전학시킬까? 생각을 했다가도 또 이런일이 발생을 할거 같아서 차라리 제대로 된 방법을 찾아보자라는 마음을 먹었습니다. 시우에는 제가 방법을 찾을때까지 우선 학교를 보내기로 했습니다. 다음날, 시우를 학교에 보내고 시우 담임선생님에게 전화를 걸었습니다.

"선생님, 안녕하세요. 지난번 공개 수업때 인사드린 시우엄마에요. 시우가 요즘 예준이 도윤이와 잘 지내나요?"

"안녕하세요. 어머니, 전화주셔서 감사해요. 안그래도 요즘 시우가 같이 놀던 예준이, 도윤이와 잘 안놀고 밥도 같이 안먹고 아프다고 양호실에 가고 기운이 빠져 있어서 제가 불러서 물어봤는데 도통 대답을 안해서요."

이때 선생님은 이미 이 상황을 알고 있었을거라는 생각이 들었습니다. 하루종일 아이들과 함께 있는데, 반 아이들이 20명도 채 안되는데 이런 상황을 모를 수가 없었을테니깐요. 다만 선생님도 확실한 증거가 없으니, 저에게 까지 전화를 못했을거 같다는 생각을 했습니다.

참 답답한 상황입니다. 이럴때는 어떻게 해야할까요?

1. 내 아이를 먼저 전학시키고 학폭위 신고를 한다.

2. 선생님에게 증거 수집을 도와달라고 요청한다.

3. 내 아이와 가해자들을 분리시켜 달라고 요청한다.

4. 바로 학폭위를 열어달라고 하고 재발 방지를 요청한다.

5. 형사/민사 소송을 진행한다.

과연 어떤게 맞을까요?

학교폭력에 대해서 너무 무지했던 제 자신이 답답합니다.

사례 2 그렇게 당하기만 하던 우리 아이가 맞폭이라뇨..

얼마전, 아침에 커피 한잔을 하고 있는데 내년에 졸업을 앞둔 주원이 초등학교에서 담임선생님 전화가 왔습니다.

"주원이 어머니이신가요? 주원이가 학교폭력 가해자로 지목되어서 연락드렸습니다"

"네? 우리 주원이가요? 제가 얼마전에 학폭위 피해자가아니고 가해자로요?"

"네 어머니, 자세한 이야기는 만나서 말씀드릴께요. 학교에 한번 나와주실 수 있으세요?"

피아노 학원에 가있는 주원이를 태권도 학원에 데려다주고 급하게 옷을 추려 있고 학교로 갔습니다. 선생님은 이렇게 말했습니다.

"얼마전에 학폭 신고하신건 잘 알고 학폭위를 통해 해결 준비를 하고 있습니다. 그런데 가해자였던 애들이 주원이를 맞폭으로 신고했어요. 이게 서로 합의를 하자고 하는 전형적인 방법이기는 한데, 주원이가 빌미를 제공했어요"

담임선생님이 말해준 사건은 이랬습니다. 매일 친구들에게 놀림당하고 따돌림 당하던 주원이가 저에게 그 사실을 말하기 하루 전날, 가해자들이 이번에는 엄마인 제 욕을 했다고 합니다. 손가락 욕을 하고, 입에 담지 못할 욕을 말이죠. 자기 일은 그렇게 순둥이처럼 당하던 주원이가 엄마인 제 이야기가 나오자 눈이 뒤집히면서 책상을 엎어버리고 친구들을 때려서 안경이 부러졌다고 했습니다. 어쩐지 그날 저녁 생각해보면 분이 풀리지 않은 느낌이었는데, 아마도 그 일이 있어서 그랬던거 같았습니다.

그리곤 담인선생님이 이렇게 이야기했습니다.

"주원이 어머니 제 이야기 오해 하지 말고 들어세요. 현재 학폭 신고가 들어가 있는 상황에서는 학폭위는 열릴거에요. 그리고 1호부터 6호까지 처분 결과가 나올겁니다. 그런데 제가 경험을 해보니 그걸 다 겪고 나서 가해자, 피해자중에 한명이 전학을 가지 않는 이상 서로 관계가 서먹해지고 힘들어지더라고요. 지금 가해자도 맞폭을 신고한거보면 반성을 하면서도 본인 생활 기록부에 남을까봐 그런거 같아요. 학폭위 열리기전에 가해자 친구도 지금 진심으로 반성을 하고 있는데 한번 만나보고 이야기해보시는건 어떨까요?"

사실 저도 학폭위까지 열린다는 말을 듣고 가해자 친구가 생활기록부에 내용이 적힐수도 있다는 생각에 마음이 불편하기는 했습니다. 그래서 가해자 부모가 선생님을 통해서 번호를 알려달라고 해도 안된다고 딱 잘라 말했는데, 담임선생님은 그게 걸렸던 모양이어습니다.

그렇게 맞폭 신고가 되어 한순간에 저는 "학교폭력 피해자 학부모" 에서 "학교폭력 가해자 부모"가 되어 버렸습니다. 그렇게 증오하고 싫어햇던 학교로부터 "학폭 가해자부모"가 되어 연락을 받으니 정말 대한민국이라는 나라와 교육시스템이 싫어졌습니다. 그리고 평소에 '내 아이는 학폭으로부터 안전할거야'라고 스스로 생각했던 제 스스로가 싫어졌습니다. 너무 안일하게 아무런 준비없이 아이를 학교에 보냈던거 같아서스스로 죄책감에 시달렸습니다.

저희 아이가 피해자인데 가해자로부터 맞폭 신고를 당했을때는 어떻게 해야 하나요?

1. 선생님 말대로 가해자 부모와 이야기를 해서 합의 한다.
2. 아이에게 정황을 진술하게 하여 맞폭이 정당할 수 있었던 이야기를 학폭위에서 먼저 말하게 한다.
3. 맞폭 관련해서 변호사를 선임하여 가해자일때 피해입을 내용을 미리 체크한다.
4. 담임에게 사실확인서를 요청한다.

사례 3. 정신과 치료 변호사 선임비용과 내용을 걱정하는 피해자 엄마

선우가 학교 폭력 피해자가 된지 벌써 2개월, 아직 학폭위 결과는 나오지 않았지만 선우가 힘들어하는 모습을 보고 제가 도와줄 수 있는게 없었습니다. 그래서 담임선생님의 조언을 받아 동네 가까운 정신과를 등록해 상담 치료를 마치고 돌아오는데 아이가 이렇게 말했습니다.

"엄마, 나 이제 더이상 정신과 치료 받기 싫어, 엄마도 나 때문에 가게 문 닫아야하고 애들이 놀리기도 하고 내가 이상한 사람인거 같아"

가슴이 철렁했습니다. 정신과 치료 갈때 일부러 저때문에 아무일 없는것처럼 웃으면서 갔는데 속으로는 많이 힘들어했다는 걸 알았기 때문입니다. 어쩐지 생각해보면 정신과 치료를 갈때 평소에 안쓰던 모자를 푹 눌러쓰고 마스크를 하고 저멀리 돌아서 얼굴을 가리고 갔는데 친구들이 그것도 알아차렸나봅니다.

사실 정신과 비용도 사실 만만치 않게 많이 들어갔습니다. 상담비용이 3달이면 거의 100만원돈입니다. 또 학폭위가 열리기전 학교폭력에 대해서 너무 모르다 보니, 남편하고 학폭 전문이라는 변호사만 3군데를 찾아가 상담을 받고 선임하는데 500만원이 들어갔습니다. 변호사들마다 무조건 이긴다면서 변호사들의 도움이 꼭 필요하다고 하니 말이죠. 그렇게 정신과, 변호사 비용과 아이때문에 저랑 남편이 가게일을 일 못한 것까지 하면 피해가 많이 컸습니다. 아이도 걱정이 되지만 당장 생계도 걱정이 되기에 이걸 학교에 요청해서 받아야하는지 아니면 가해자에게 받을 수 있는지 아직 학폭 결과가 나오지도 않았는데 걱정이 이만저만이 아닙니다. 대체 그리고 이 학폭위와 정신과 진료는 언제까지 받아야 인정이 되는지도 걱정입니다.

1) 정신과 치료비용과 변호사 비용을 학폭위가 끝나면 가해자에게 받을 수 있을 까요?

2) 저와 남편이 장사를 못한것도 피해 금액을 받을 수 있을까요?

3) 정신과 치료는 아이가 받기 싫다면 그만 받아도 되는걸까요?

4) 지금 시점에서 변호사 선임 하는게 정말 꼭 필요한가요?

사례 4 설마 이것도 학폭일까요?

어느날, 아인이가 핸드폰을 집어던졌습니다. 오랫동안 졸라서 사준 핸드폰이 기에 저도 밥을 하다가 깜짝 놀라서 아이방에 들어갔더니 아이는 침대에 누워서 눈물만 흘리고 아무말 안했습니다. 저도 놀란 가슴을 진정시키고 떨어트린 핸드폰을 주워서 방을 빠져나왔습니다. 그리고 평소에 물어봤던 잠금 해제로 아이 핸드폰을 열어 카톡방을 들여다봤습니다. 거기에는 아이 학교 단체방과 친한 친구들이 모여있는 개별방이 있었는데, 거기에서 아인이를 평소 놀리는 친구들 두세명이 이렇게 말하고 있었습니다.

'아인이 너무 더럽지 않아?'

'아인이는 공부도 못해서 더러운것도 모를걸?'

우리 아인이가 있는 그 단톡방에서 다른 아이들이 보는 단체카톡방에 올리는 것이었습니다. 그것도 여러번말이죠. 제가 카톡을 읽고 있는 와중에도 이런 글이 계속 올라왔습니다.

'아인이는 지금도 공부 안하고 멍때릴껄~~? 그러니 매번 선생님한테 혼나지 ㅋ'

‘ㅋㅋㅋㅋㅋㅋ’

‘ㅋㅋㅋ 맞아맞아’

아인이는 그 대화에 끼지도 못본척 하지도 못하고 속앓이만 계속했을 아이를 생각하니 화가 치밀어 올랐습니다. 얼마전 단체 카톡방에서 자신을 계속 놀리는 것을 보고 극단적인 선택을 했다는 뉴스가 떠올랐습니다. 어른들은, 회사에서 메신저로, 카톡으로 왕따를 당하면 바로 이직 하거나 부서이동을 요청할 수 있지만 의무교육을 받아야하는 아이들은 당장 학교를 그만둘수도 검정고시를 준비할수도 없습니다. 이렇게 다른 아이들에게 피해를 준다는 것을 그리고 학폭이 된다는것을 알고 싶습니다.

질문)

1. 카톡방에서 자기들끼리 우리 아이를 놀리는것도 학폭에 해당하나요?

2. 당사자가 그 카톡방에 꼭 있어야 학폭위 되나요?

3. 증거는 카톡방 캡쳐만 있으면 되나요?

4. ‘ㅋㅋㅋㅋㅋ’ 반응만 했어도 그방에 있는 모든 사람이 가해자가 되나요?

사례 5

따르릉, 그날도 다른날과 같이 중학생 아이를 아침밥 허겁지겁 해먹이고 학교보내고 회사에 나와 오전 업무를 하고 있는데 모르는 번호로 연락이 왔습니다.

"안녕하세요. 은우 어머니. 같은반 윤서엄마에요."

가슴이 철렁 했습니다. 선생님도 아닌 같은 반 엄머가 이렇게 연락이 온다는건 분명 좋은 일이 아닐거라는걸 맘카페에서 많이 읽었기 때문입니다. 윤서 엄마에게 들은 내용은 충격적이었습니다. 우리 아이 은우와 전화를 준 윤서가 같은 학급의 태호에게 학기초부터 계속해서 성추행을 계속 당했다는 것이었습니다.

태호는 이미 학폭위에서 여러번 조치를 받아서 은우받으로 전학온 학생으로 학급 친구들이 다 싫어해서 피해다녔는데 동네가 같은 윤서와 은우가 거기에 가장 큰 피해자가 되었다는 것이었습니다. 교실에서 따로 불러서 가슴을 만진다라는 말을 하거나 이를 촬영해서 친구들이 있는 단체 카톡방에 올린다는 말을 서슴없이 해서 은우랑 윤서가 힘들었다고 했습니다. 오늘 아침에는 은우친구 윤서도 참다 참다가 엄마에게 전학을 보내달라고 하면서 울며불며 학교를 안간다고 해서 윤서엄마도 사실을 알게 되었다고 합니다. 그때부터 일이 손에 잡히지 않았습니다.

'드라마에서만 보던 일이 나에게 발생을 하다니..'

'아이를 지금이라 불러서 솔직이 물어봐야하나?'

'바로 경찰에 신고해야하나?'

여러 생각이 교차하면서 어찌해야할지 몰랐습니다. 그러는 도중에 담임선생님에게도 전화가 왔습니다.

"은우 어머니시죠? 학교에서 한번 뵐 수 있을까?"

안좋은 일은 몰려온다고, 윤서가 학교결석을 하자 눈치를 챈 가해자 태호가 맞폭신고를 먼저하면 좋다는걸 알고 먼저 은우와 윤서를 학교폭력가해자로 신고를 했다는 것이었습니다. 하늘이 노래졌습니다. 어떤 것이 사실인지, 우리 은우가 얼마나 힘들어할지, 어렸을때부터 내 배 아퍼서 키운 아이기 때문에 은우가 힘들어하는 모습이 눈에 그려졌습니다.

이런 경우에, 어떻게 대응을 하는것이 좋을까요?

1) 바로 117에 신고하여 상담을 받는다.

2) 담임선생님에게 찾아가 은우와 윤서가 피해자였다고 맞폭 신고라고 말한다.

3) 가해자 태호와 그 부모님을 찾아 자초지정을 물어본다.

1.학교폭력이란

가. 관련 법령

학교폭력예방 및 대책에 관한 법률(이하 '학교폭력예방법') 제2조(정의)

이 법에서 사용하는 용어의 정의는 다음 각 호와 같다.

1. "학교폭력"이란 학교 내외에서 학생을 대상으로 발생한 상해, 폭행, 감금, 협박, 약취·유인, 명예훼손·모욕, 공갈, 강요·강제적인 심부름 및 성폭력, 따돌림, 사이버폭력 등에 의하여 신체·정신 또는 재산상의 피해를 수반하는 행위를 말한다.

   1의2. "따돌림"이란 학교 내외에서 2명 이상의 학생들이 특정인이나 특정집단의 학생들을 대상으로 지속적이거나 반복적으로 신체적 또는 심리적 공격을 가하여 상대방이 고통을 느끼도록 하는 모든 행위를 말한다.

   1의3. "사이버폭력"이란 정보통신망(「정보통신망 이용촉진 및 정보보호 등에 관한 법률」 제2조제1항제1호의 정보통신망을 말한다)을 이용하여 학생을 대상으로 발생한 따돌림과 그 밖에 신체·정신 또는 재산상의 피해를 수반하는 행위를 말한다.

2. "학교"란 「초·중등교육법」 제2조에 따른 초등학교·중학교·고등학교·특수학교 및 각종학교와 같은 법 제61조에 따라 운영하는 학교를 말한다.

3. "가해학생"이란 가해자 중에서 학교폭력을 행사하거나 그 행위에 가담한 학생을 말한다.

4. "피해학생"이란 학교폭력으로 인하여 피해를 입은 학생을 말한다.

5. "장애학생"이란 신체적·정신적·지적 장애 등으로 「장애인 등에 대한 특수교육법」 제15조에서 규정하는 특수교육이 필요한 학생을 말한다.

학교폭력예방법 제2조 제1호는 "학교폭력"의 개념에 관하여 '학교 내외에서 학생을 대상으로 발생한 상해, 폭행, 감금, 협박, 약취·유인, 명예훼손·모욕, 공갈, 강요·강제적인 심부름 및 성폭력, 따돌림, 사이버 따돌림, 정보통신망을 이용한 음란·폭력 정보 등에 의하여 신체·정신 또는 재산상의 피해를 수반하는 행위'로 규정하고 있다.

나. 학교폭력의 정의

학교폭력예방법은 학교폭력의 예방과 대책에 필요한 사항을 규정함으로써 피해학생의 보호, 가해학생의 선도·교육 및 피해학생과 가해학생 간의 분쟁 조정을 통하여 학생의 인권을 보호하고 학생을 건전한 사회구성원으로 육성함을 목적으로 하므로(제1조), 위와 같은 학교폭력예방법의 입법목적, 관계 규정의 내용 등을 고려하면, 학교폭력예방법상의 학교폭력은 그 유형으로 열거된 행위뿐만 아니라, 학생에 대하여 신체·재산 또는 정신적 피해를 수반하는 행위로서 그 행위의 내용이나 정도가 피해학생을 보호하고 가해학생에 대해 선도·교육이 필요하다고 평가할 만한 것이라면 학교폭력에 해당한다고 보아 피해학생의 보호 및 가해학생에 대한 조치 등 그에 상응하는 대책을 강구함이 타당하다.

　다만 학생들이 학교생활을 하는 과정에서 발생하는 모든 갈등이나 다툼을 학교폭력예방법으로 해결하는 것은 바람직하지 않다. 학생들이 학교생활을 하는 과정에서 크고 작은 갈등이나 다툼이 생기는 것은 자연스럽고, 그 갈등이나 다툼을 모두 나쁜 것이라고 단정할 수도 없기 때문이다. 학교폭력예방법이 제2조 제1호에서 '학교폭력'의 개념을 규정하고 있고, 제3조에서 '이 법을 해석·적용할 때에는 국민의 권리가 부당하게 침해되지 않도록 조심해야 한다'고 규정하고 있는 취지도 '학교폭력' 개념을 확대해석하여 지나치게 많은 학교폭력 가해자를 만들어냄으로써 발생할 수 있는 문제를 막는데 그 취지가 있다고 봄이 상당하다. 또한 학교폭력으로 학교폭력예방법 제17조 제1항 각 호에 규정된 조치를 받은 경우 이는 학교생활기록부에 기재되는 등으로 그 학생에게 불이익이 된다. 이와 같은 사정들을 고려하면, 학생들이 학교생활을 하는 과정에서 일어난 어떤 행위가 학교폭력예방법 제2조 제1호의 '학교폭력'에 해당하는지는 그 발생 경위와 행위의 정도 등을 살펴서 신중하게 판단해야 한다.

다. 학교폭력의 유형

학교폭력예방법에서 상해, 폭행, 감금 등 형사법이 처벌하는 범죄행위와 동일한 용어를 사용하고 있다고 하더라도 학교에서의 폭력행위를 국가 및 사회에서 형벌이 부과되는 범죄와 같은 개념으로 이해할 것은 아니며, 학교폭력예방법의 목적·취지에 따라 독자적으로 판단하여야 하여야 한다.

교육부의 2023년 1차 학교폭력 실태조사에 의하면, 학교폭력 피해유형은 언어폭력(37.1%), 신체폭력(17.3%), 집단따돌림(15.1%) 순으로 높은 것으로 나타났다. 학교폭력은 여러 피해유형이 동시에 발생하는 경우가 많기에 중복적으로 해당할 수 있으나, 학교폭력예방법 제2조상의 세부 유형 또는 신체적, 언어적, 정서적, 경제적, 사이버 폭력으로 분류하여 판단해볼 수 있다.

아래에서는 각 유형에 대한 실제 사례와 그에 대한 처분에 대해서 살펴본다.

학교폭력 유형	중점 파악 요소
신체적 폭력 상해, 폭행, 감금, 성폭력 등	상해의 심각성, 감금·신체적 구속 여부, 성폭력 여부
언어적 폭력 협박, 명예훼손·모욕 등	욕설/비속어, 허위성, 성희롱 여부
정서적 폭력 약취·유인, 따돌림 등	지속성 여부, 협박/강요의 정도, 성희롱 여부
경제적 폭력 공갈, 강요·강제적인 심부름 등	피해의 심각성(액수, 빈도, 지속성), 반환 여부, 손괴 여부, 협박/강요의 정도
사이버 폭력 사이버폭력 등	명의도용, 폭력성/음란성, 유포의 정도, 사이버 성폭력 여부

1) 상해, 폭행

상해, 폭행이란 상대의 몸에 폭행, 상해, 장난 등 물리적인 피해를 끼치는 행위를 의미한다. 신체를 손, 발, 도구 등을 이용하여 때리는 등 고통을 가하는 행위뿐만 아니라 장난을 빙자한 밀치기 등도 상해, 폭행에 포함될 수 있다. 또한 학생 간의 분쟁으로 인하여 서로 폭행을 하는 등의 '싸움'도 포함된다.

A에 대한 조치사항	조치결정 이유
서면사과	피해학생과 A가 말다툼을 하다가 격분하여 손바닥 또는 주먹으로 서로의 얼굴을 때리는 폭행을 하였으며, 이어서 C, D는 주변의 여러 학생들에게 밀려 넘어진 피해학생의 몸을 주먹으로 치거나 발로 차는 폭행을 함
사회봉사 6시간 학생 특별교육 5시간 보호자 특별교육 5시간	A가 피해학생에게 '차렷' 자세를 하라고 여러 차례 말하여 피해학생이 차렷 자세를 하였고, A가 피해학생의 어깨를 일부러 쳤음
서면사과 학생 특별교육 5일 보호자 특별교육 5시간	A는 피해학생의 손목을 잡으면서 "(돋보기로 낙엽에) 1초 안에 불을 못 붙이면 면상을 뜯어 죽여 버리겠다." 고 하였고, 옆에 있던 B가 피해학생에게 나뭇잎을 따주며 "1초"라고 세고 "좃됐다."라고 하자, 피해학생은 A를 피해 도망을 가다가 다른 학생과 부딪혀 코뼈가 부러지는 상해를 입음
전학	A 등은 피해학생이 복도에서 얼쩡거리거나 기숙사 방문 옆 벽을 잡았다고 하면서 강압적으로 로우킥을 때렸으며, 체육시간에 피해학생이 실수를 하지 않았음에도 불구하고 실수를 하였다고 몰아서 억지로 로우킥을 때림. 실습시간 중 톱을 사용해 철을 깎아 뜨거운 상태인 철을 피해학생의 목 뒤에 갖다댐

2) 감금

감금이란 일정한 장소에서 쉽게 나오지 못하도록 하는 행위를 의미한다.

A에 대한 조치사항	조치결정 이유
서면사과	A 및 3명이 피해학생을 화장실에 가둠
서면사과	A가 화장실 문을 닫으라고 소리 쳤으며, A 및 3명이 화장실 문을 잡고 있어 피해학생이 화장실에 갇힘
서면사과	A가 화장실에서 화장을 하는 동안 나가지 못하도록 하여 30분~1시간 정도 7~10회가량 감금
서면사과 접촉, 협박 및 보복금지 전학	피해학생이 A를 놀렸다는 이유로 피해학생을 청소함과 청소함 옆 공간에 넣어 나오지 못하게 하고, 빗자루로 문을 잠그는 등 동급생들과 함께 청소함 문을 막아 피해학생이 나오지 못하게 함

3) 협박

협박이란 신체 등에 해를 끼칠 듯한 언행과 문자메시지 등으로 피해학생에게 겁을 주는 행위를 의미한다. 일반적으로 협박이란 그 상대방이 된 사람으로 하여금 공포심을 일으키기에 충분한 정도의 해악을 고지하는 것을 의미한다.

A에 대한 조치사항	조치결정 이유
서면사과	전국연합학력평가 중 피해학생은 앞자리에 앉은 A에게 다리를 떨지 말라고 요구하였고, A는 시험 도중 피해학생에게 가서 "한 번만 더 난리치면 죽여버린다."고 말함
학생 특별교육 6시간	A는 피해학생에게 "삼촌이 엄청 무서운 조폭이다. 지금 전화하면 바로 올 수도 있다.", "네가 유명인이 되든 직장인이 되든 나는 이 녹음파일로 너를 몇십 년 동안 괴롭힐 수 있고 매장시킬 수 있다."라고 말함
접촉, 협박 및 보복금지 학생 특별교육 10시간 보호자 특별교육 5시간 전학	A는 피해학생에게 다른 남학생으로부터 성추행을 당했던 사실을 밝히지 않으면 소문을 내겠다고 협박하고, 자신의 뜻대로 되지 않는 경우 본인이 자살할 것처럼 행동하거나 피해학생에게 자살에 대한 압박감을 줌

4) 약취·유인

학교폭력예방법상 '약취·유인'이란 반드시 형벌 규정이 정한 구성요건에 해당하는 행위에 국한된다고 할 수는 없으나, 약취란 강제로 일정한 장소로 데리고 가는 행위를 의미한다고 해석할 수 있다. 또한 형법상 유인죄는 기망 또는 유혹을 수단으로 사람을 꾀어 하자 있는 의사에 따라 그 사람을 자유로운 생활관계 또는 보호관계로부터 이탈시켜 자기 또는 제3자의 사실적 지배하에 둠으로써 개인의 자유를 침해하는 것을 내용으로 하는 범죄이고, 이러한 형법에서의 '유인'의 개념은 학교폭력예방법의 해석에서도 고려할 수 있다.

아동·청소년을 보호하고자 하는 이유는, 아동·청소년은 사회적·문화적 제약 등으로 아직 온전한 자기결정권을 행사하기 어려울 뿐만 아니라, 인지적·심리적·관계적 자원의 부족으로 타인의 성적 침해 또는 착취행위로부터 자신을 방어하기 어려운 처지에 있기 때문이다. 따라서 아동·청소년이 외관상 결정 또는 동의로 보이는 언동을 하였더라도, 그것이 타인의 기망이나 왜곡된 신뢰관계의 이용에 의한 것이라면, 이를 아동·청소년의 온전한 자기결정권의 행사에 의한 것이라고 평가하기 어렵다.

또한 학교폭력예방법 제16조의2 제1항은 누구든지 장애 등을 이유로 장애학생에게 학교폭력을 행사하여서는 아니 된다고 규정하며, 피해학생이 장애학생인 경우 가해학생에 대한 조치를 가중할 수 있다고 규정하고 있다. 약취·유인의 피해학생이 장해 등급 판정을 받지는 아니하였더라도, 언어 발달 및 자기 표현 등이 또래에 비하여 원활하지 못하거나, 그와 같은 취약성이 학교 폭력 발생에 적지 않은 영향을 미친 것으로 보이는 경우, 피해학생의 정신적·심리적 상태나 발달 정도, 사건의 구체적인 경위 등 역시 중요하게 고려되어야 한다.

A에 대한 조치사항	조치결정 이유
접촉, 협박 및 보복금지 학생 특별교육 5시간 보호자 특별교육 5시간 출석정지 전학	A는 피해학생의 인지능력 및 상황 판단능력이 현저히 떨어진다는 점을 이용하여 피해학생을 은밀한 공간인 룸카페로 끌어들여 성관계를 가짐

5) 명예훼손 • 모욕

명예훼손이란 여러 사람 앞에서 상대방의 명예를 훼손하는 구체적인 사실을 말하거나, 그러한 취지의 내용을 인터넷, SNS 등으로 퍼뜨리는 행위를 의미한다. 모욕이란 여러 사람 앞에서 모욕적인 용어를 지속적으로 말하거나 그러한 내용을 인터넷, SNS 등으로 퍼뜨리는 행위를 의미한다.

A에 대한 조치사항	조치결정 이유
서면사과	A는 다른 학원생들에게 피해학생이 미술학원 1층에서 3층까지 바지를 벗고 돌아다닌다는 허위사실을 공연히 유포함
학생 특별교육 6시간	A는 피해학생에 대해 '말투가 역겹다, 근접해 있을 때 입 냄새가 정말, 보청기인지 병신기인지 끼고 있는 게 꼴 같다.' 등 피해학생의 말투, 외모 등에 관하여 모욕하거나 명예를 훼손함
전학	A는 B, C 등에게 피해학생의 신체 부위를 언급하면서 성적인 평가를 하거나 "피해학생은 걸레", "피해학생은 무조건 성경험이 있다"라는 허위의 사실을 유포함

6) 공갈, 강요 • 강제적인 심부름

공갈이란 폭행 또는 협박 등을 하여 재물을 교부받는 것으로, 돌려 줄 생각이 없으면서 돈, 옷, 학용품 등을 요구하는 행위를 의미한다. 강요는 폭행 또는 협박으로 상대방의 권리행사를 방해하거나 해야 할 의무가 없는 일을 하게 하는 행위이며, 강제적인 심부름이란 일명 '빵 셔틀' 등 피해학생의 의사에 반하는 행동을 강요하는 행위를 의미한다.

A에 대한 조치사항	조치결정 이유
서면사과 접촉, 협박 및 보복금지 학생 특별교육 4회 보호자 특별교육 4회 심리치료 6회	A는 피해학생들을 B에게 연결시켜 협박을 받게 하고 한 달에 30만원 씩 2년간 상납하게 하는 등 돈을 갈취당하게 함
접촉, 협박 및 보복금지 학생 특별교육 5시간 보호자 특별교육 5시간 전학	A는 약 6개월간 피해학생에 대하여 지속적으로 폭행, 협박, 금품 갈취 행위를 함, 피해학생을 공원으로 불러내 B와 싸울 것을 강요함
접촉, 협박 및 보복금지 출석정지 학생 특별교육 1일 보호자 특별교육 6시간 전학	A는 피해학생에게 카카오톡 인증을 하라고 협박하며 불법 토토계정을 만들도록 강요함, '당이 땡긴다'며 10만 원 상당의 젤리를 사오라고 시킴, 볼링비 내기 등을 강요함, 피해학생에게 돈을 구해오라고 시킴 등

7) 성폭력

학교폭력예방법은 제1호의2와 제1호의3에서 학교폭력 중 '따돌림'과 '사이버 따돌림'에 관하여 정의하고 있으나, '성폭력'에 관하여는 학교폭력예방법은 별도의 정의규정을 두고 있지 않다.

학교폭력에 해당하는 '성폭력'이란 형벌규정이 정한 구성요건에 해당하는 행위로 국한된다고 보기는 어렵고, 성폭력·성범죄에 있어서 주된 보호법익은 피해자의 성적 자기결정권이므로 학교폭력예방법에서 정한 성폭력은 형사상 처벌의 대상이 되는 성폭력에 이를 정도는 아니더라도, 피해학생의 의사에 반하여 피해학생의 성적 자기결정권을 침해하여 피해학생의 신체, 정신 또는 재산상 피해를 수반하는 행위로 평가될 수 있다면 학교폭력예방법이 적용되는 '학교폭력'에 포함될 수 있다.

그리고 이와 같이 피해학생의 의사에 반하거나 성적인 자기결정권이 침해되었는지 여부, 성적인 자기결정권을 제대로 행사할 수 있었는지 여부는 가해학생과 피해학생의 관계, 성적인 접촉이 있게 된 경위 및 성적인 접촉 전후의 정황 등 제반사정을 종합적으로 고려하여 판단하여야 한다.

일부 판례는 "성희롱은 학교폭력예방법 제2조 제1호의 행위유형에 별도로 규정되어 있지 아니하고 원고의 행위가 성폭력에 해당하는 것으로 보기도 어려우므로, 결국 명예훼손이나 모욕으로 의율할 수밖에 없을 것으로 보인다(서울행정법원 2019. 12. 20. 선고 2019구합3971 판결)."고 판시하기도 한다. 그러나 이는 성희롱을 '성폭력' 유형으로 분류하기 어렵다는 것일 뿐 "남성 또는 여성의 신체적 특징과 관련된 육체적, 언어적, 시각적 행위로서 사회공동체의 건전한 상식과 관행에 비추어 볼 때 객관적으로 상대방과 같은 처지에 있는 일반적이고도 평균적인 사람에게 성적 굴욕감이나 혐오감을 느끼게 할 수 있는 성희롱 역시 학생의 신체·정신 또는 재산상의 피해를 수반하는 행위로서 학교폭력에 해당한다고 보는 것이 타당하다(서울동부지방법원 2020. 1. 16. 선고 2018가합112435 판결)."는 것이 판례의 주된 입장이다.

A에 대한 조치사항	조치결정 이유
학생 특별교육 5시간 보호자 특별교육 5시간	A가 여성인 피해학생을 남자화장실 칸 안으로 밀어 넣고 강제로 키스를 하였고, 가위바위보해서 "내가 이기면 성 해소 해줘"라고 하며 허리띠 풀려고 해서 피해학생이 A를 밀치고 도망침
서면사과 접촉, 협박 및 보복금지 사회봉사 40시간 학생 특별교육 15시간 보호자 특별교육 5시간 출석정지 7일	A는 피해학생이 거부의사를 밝혔음에도 피해학생의 머리카락을 만짐, "평평한 것은 피해학생의 가슴"이라고 말함, 피해학생의 등을 반복적으로 쓰다듬었음, "나는 가슴 작은 애들이랑은 대화 안해" 등의 발언을 함, 과자 조리퐁과 초코송이를 들고 남녀 성기를 묘사했음, 피해학생이 있는 자리에서 다른 학생들에게 "피해학생이 자자고 하면 잘거야?"라고 말함
출석정지 전학	A는 A의 집에서 피해학생에게 침대에 누우라고 권하며 완력으로 눕히고, 잠이 든 피해학생의 속옷 안으로 손을 넣어 가슴과 엉덩이 등을 더듬고 만졌으며, 이를 휴대전화로 촬영함
전학	A는 피해학생의 신체 특정 부위를 만지거나 툭툭 치고 바지를 내리는 등의 성추행과 수치심을 불러일으키는 심한 성희롱 등을 함

8) 따돌림

학교폭력예방법은 따돌림을 '학교 내외에서 2명 이상의 학생들이 특정인이나 특정집단의 학생들을 대상으로 지속적이거나 반복적으로 신체적 또는 심리적 공격을 가하여 상대방이 고통을 느끼도록 하는 일체의 행위'라고 정하고 있다. 반드시 공개되지 않은 장소에서 학교폭력이 이루어져 할 것은 아니며, 앞서 본 바와 같이 원고를 비롯한 다수의 가해학생들이 함께 있는 가운데 피해학생에게 비아냥거리고, 강요 등을 한 사실이 인정되는 경우 학교폭력예방법에서 정한 괴롭힘 또는 따돌림에 해당한다고 봄이 타당하다.

A에 대한 조치사항	조치결정 이유
서면사과	A, B, C가 피해학생의 플래너를 동의 없이 1회 보고, 머리를 밀치고, 교과서를 동의 없이 숨기고, 교실을 출입하는 것을 막는 등의 행위를 하였음
서면사과	B가 피해학생과 말다툼을 하자 이후 B의 친구인 A, C, D가 "미친년아 말하는 꼬라지 좀 봐라. 팔짱 안풀어 시발년아." 등과 같이 지속적으로 욕설을 하고 피해학생이 지나갈 때마다 어깨를 치고 가며 웃는 등 2주간 따돌림

접촉, 협박 및 보복금지 학생 특별교육 10시간 보호자 특별교육 5시간 출석정지 10일	A는 기숙사 친구들에게 "피해학생이 남자애들 사이에서 꼬리치고 다닌다, 피해학생이 짜증난다, 피해학생을 무시해라" 등의 발언으로 비방하고 다른 가해학생들이 동조함, A 등은 피해학생에게 "씨발년, 쟤 안들리는 척 하는거 같지?", "저 씨발년이랑은 배 안타!" 등 의도적으로 무안을 주거나 화를 냄, 피해학생이 다른 친구들과 있으면 다른 친구들을 데려가서 피해학생을 혼자 있게 하는 방식으로 따돌림
접촉, 협박 및 보복금지 전학	A를 포함한 9명은 피해학생이 쳐다보자 웃고 "쟤 찐따야"라는 귓속말을 하며 나감, 거울을 보고 있던 A가 본인 자리에 앉은 피해학생을 보고 "에휴, 씨발"이라고 한 후 망치질하는 시늉을 함, 물을 마시러 온 피해학생을 보고 눈이 마주치자 "아 씨발"이라고 함 등

9) 사이버폭력

사이버폭력이란 정보통신망(「정보통신망 이용촉진 및 정보보호 등에 관한 법률」제2조 제1항 제1호의 정보통신망을 말한다)을 이용하여 학생을 대상으로 발생한 따돌림과 그 밖에 신체·정신 또는 재산상의 피해를 수반하는 행위를 의미한다.

교육부의 2022년 2차 학교폭력 실태조사 결과에 따르면 사이버폭력은 사이버 언어폭력(39.8%), 사이버 따돌림(17.0%), 사이버 명예훼손(16.7%), 사이버 강요(6.8%) 등의 순서로 빈번하게 발생하는 것으로 조사되었다. 또한 사이버폭력의 발생공간으로는 카카오톡, 라인, 텔레그램 등의 인스턴트 메신저(41.1%), 페이스북, 인스타그램, 트위터, 틱톡 등 SNS(28.4%), 온라인 게임(17.1%), 1인 미디어 채널(1.9%) 등의 순서로 빈번한 것으로 확인된다.

A에 대한 조치사항	조치결정 이유
서면사과 접촉, 협박 및 보복금지 학생 특별교육 1일 보호자 특별교육 4시간	A는 피해학생의 페이스북 익명 게시판에 "얘들아 니네 좀 적당히 해. 뭐라 안하고 갈구지도 않는데 왜캐 겨오르냐", "니네 그만 좀 개겨" 등의 글을 남김
접촉, 협박 및 보복금지 학생 특별교육 5일 보호자 특별교육 5시간 출석정지 10일	A 등 10명은 교내와 SNS상에서 피해학생들에 대하여 지속적으로 욕설 및 모욕적인 발언 등의 언어폭력과 무단촬영 및 해당 사진 게시, 무단 펌 등을 통한 사이버폭력을 함
학생 특별교육 5시간 보호자 특별교육 5시간 전학	A는 피해학생과 교제하는 과정에서 성관계를 요구하였고 실제로 성관계를 한 뒤 SNS상에 피해학생에 대한 소문을 퍼트림

라. 학교폭력의 처리 프로세스

진행과정	진행사항
학교폭력사건 발생 인지 및 신고	- 학교(교사), 117 등에 연락하기
⇩	⇩
학교폭력 사안 접수	- 접수 사실을 신고자에게 통보
⇩	⇩
긴급조치 (학교장 필요시)	- 피해학생 보호 조치 - 가해학생 선도 조치
⇩	⇩
사안조사 (학교폭력 전담기구 또는 소속 교원)	- 피해 및 가해사실 여부 확인(서면조사, 면담조사 등) - 학생과 보호자의 사안 해결에 대한 요구 파악 * 통역 등 전문가 도움 요청 가능
⇩	⇩
학교폭력 전담기구 심의	- 학교장 자체해결 요건 충족 여부 심의

학교장 자체해결 요건 충족	⇨ 부동의	학교장 자체해결 요건 미충족
학교폭력사건 발생 인지 및 신고		학교폭력사건 발생 인지 및 신고
동의⇩		⇩
학교장 자체해결		**학교폭력대책심의위원회 심의 및 조치결정**

1) 학교폭력 신고·접수 단계

학교폭력의 신고는 학교폭력을 겪거나 목격한 학생 또는 보호자가 직접 담임교사 또는 책임교사에게 말하여 신고하는 교내 신고 방법과 117 학교폭력 신고센터, 청소년 사이버상담센터(#1338) 또는 경찰국 사이버안전국(www.cyber.go.kr)의 범죄신고 시스템을 이용하여 사이버폭력 신고를 하는 교외 신고 방법으로 나뉜다.

신고가 접수된 경우 ① 신고된 내용을 접수 대장에 기재하고 접수 사실을 신고자에게 통보, ② 사안 신고 접수 또는 인지 후 24시간 이내에 가해학생과 피해학생을 분리하고, ③ 신고된 내용을 학교장, 가해학생 및 피해학생의 보호자와 해당 학교에 통보하고, ④ 사안 신고 접수 또는 인지 후 48시간 이내에 교육청 담당자에게 보고하여야 한다.

2) 긴급조치 단계

학교폭력 사안처리 초기에 학교장은 피해학생의 보호 또는 가해학생에 대한 선도가 긴급히 필요하다고 판단될 경우 각 긴급조치를 취할 수 있다. 긴급조치는 일반적으로 사안조사 단계에서 이루어지나, 피해·가해학생을 위해 긴급조치가 필요한 경우 초기 대응 단계부터 학교장에게 긴급조치를 요청할 수 있다.

피해학생 보호를 위한 긴급조치	가해학생 보호를 위한 긴급조치
학교 내외 전문가에 의한 심리상담 및 조언 일시보호 그 밖에 피해학생의 보호를 위하여 필요한 조치	피해학생에 대한 서면사과 피해학생 및 신고·고발 학생에 대한 접촉, 협박 및 보복행위의 금지 학교에서의 봉사 학교 내외 전문가에 의한 특별교육이수 또는 심리치료 출석정지

3) 사안조사 단계

학교폭력 신고가 접수되면 배정의 적합성, 적정한 배정 인원 등을 검토하여 학교폭력 조사관을 배정한다.

학교폭력 조사관은 피해 및 가해 사실 여부 확인을 위해 구체적인 사안조사를 실시한다. 구체적으로, ① 피해 및 가해사실 여부 확인을 위한 구체적인 사안조사를 실시하고, ② 사안과 관련하여 조사된 내용을 학생의 보호자가 충분히 이해할 수 있도록 안내하고 향후 처리 절차 등에 대하여 통보한 뒤, ③ 피해 및 가해사실 내용에 관하여 종합적으로 정리하여 보고해야 한다.

4) 전담기구 심의 단계

학교폭력 전담기구는 학교폭력 사안조사 내용을 바탕으로 학교장 자체해결 요건 충족 여부를 심의하고, 피해학생과 보호자의 학교장 자체해결 동의 의사를 확인한다.

학교장 자체해결이란 피해학생 및 보호자가 학교폭력대책심의위원회 개최를 원하지 않고, '① 2주 이상의 신체적·정신적 치료를 요하는 진단서를 발급받지 않은 경우, ② 재산상 피해가 없거나 즉각 복구된 경우, ③ 학교폭력이 지속적이지 않은 경우, ④ 학교폭력에 대한 신고, 진술, 자료제공 등에 대한 보복행위가 아닌 경우'라는 각 요건에 모두 해당하는 경미한 학교폭력의 경우 학교장이 학교폭력 사건을 자체적으로 해결하는 것을 의미한다.

학교장 자체해결 시에는 양자 간의 화해, 가해학생의 사과와 피해학생의 용서 등 관계 회복을 중점적으로 다루게 되며, 가해학생을 대상으로 상담, 캠페인 활동, 교내·외 봉사 등의 교육 프로그램 또는 관련 학생 간 관계회복 프로그램이 실시되기도 한다.

그러나 학교장 자체해결로 종결되었으나, ① 해당 학교폭력 사건으로 피해학생 및 보호자가 받은 재산상 손해를 가해학생 및 보호자가 복구하기로 약속하였으나 이행하지 않은 경우, ② 해당 학교폭력사건의 조사과정에서 확인되지 않았던 사실이 추가적으로 확인된 경우에는 예외적으로 학교폭력대책심의위원회 개최를 요청할 수 있다.

5) 심의위원회 단계

자체해결이 불가능한 사안의 경우 학교폭력대책심의위원회(이하 '심의위원회') 단계를 거치게 된다.

심의위원회는 피해학생의 보호를 위하여 필요하다고 인정하는 때에는 피해학생에 대하여 ① 학내외 전문가에 의한 심리상담 및 조언, ② 일시보호, ③ 치료 및 치료를 위한 요양, ④ 학급교체, ⑤ 그 밖에 피해학생의 보호를 위하여 필요한 조치에 해당하는 긴급조치를 할 것을 학교장에게 요청할 수 있다.

또한 가해학생에 대하여 교육, 선도 및 징계 목적의 조치를 할 것을 교육장에게 요청할 수 있으며, 여러 개의 조치를 함께 요청할 수 있다. 가해학생에 대한 조치는 ① 피해학생에 대한 서면사과, ② 피해학생 및 신고·고발 학생에 대한 접촉, 협박 및 보복행위의 금지, ③ 학교에서의 봉사, ④ 사회봉사, ⑤ 학내외 전문가에 의한 특별교육이수 또는 심리치료, ⑥ 출석정지, ⑦ 학급교체, ⑧ 전학, ⑨ 퇴학처분으로 구성된다.

6) 사후조치 단계

관련 학교는 자체해결 사안의 경우 피해학생 적응지도, 가해학생 재발 방지 노력 등 사후 지도 과정을 진행한다. 자체해결 불가 사안의 경우, 심의위원회의 조치를 통보받은 뒤 피해학생 보호조치 및 가해학생 선도, 교육 조치를 진행하고 학생부 기재, 가해학생 보호자 특별 교육 등을 진행한다.

2. 학교폭력 사안조사

가. 학교폭력 전담 조사관

1) 관련 법령

학교폭력예방법 제11조(교육감의 임무)

① 교육감은 시·도교육청에 학교폭력의 예방·대책 및 법률지원을 포함한 통합 지원을 담당하는 전담부서를 설치·운영하여야 한다.

② 교육감은 관할 구역 안에서 학교폭력이 발생한 때에는 해당 학교의 장 및 관련 학교의 장에게 그 경과 및 결과의 보고를 요구할 수 있다.

③ 교육감은 관할 구역 안의 학교폭력이 관할 구역 외의 학교폭력과 관련이 있는 때에는 그 관할 교육감과 협의하여 적절한 조치를 취하여야 한다.

④ 교육감은 학교의 장으로 하여금 학교폭력의 예방 및 대책에 관한 실시계획을 수립·시행하도록 하여야 한다.

⑤ 교육감은 제12조에 따른 심의위원회가 처리한 학교의 학교폭력빈도를 학교의 장에 대한 업무수행 평가에 부정적 자료로 사용하여서는 아니 된다.

⑥ 교육감은 제17조제1항제8호에 따른 전학의 경우 그 실현을 위하여 필요한 조치를 취하여야 하며, 제17조제1항제9호에 따른 퇴학처분의 경우 해당 학생의 건전한 성장을 위하여 다른 학교 재입학 등의 적절한 대책을 강구하여야 한다.

⑦ 교육감은 대책위원회 및 지역위원회에 관할 구역 안의 학교폭력의 실태 및 대책에 관한 사항을 보고하고 공표하여야 한다. 관할 구역 밖의 학교폭력 관련 사항 중 관할 구역 안의 학교와 관련된 경우에도 또한 같다.

⑧ 교육감은 학교폭력의 실태를 파악하고 학교폭력에 대한 효율적인 예방대책을 수립하기 위하여 학교폭력 실태조사를 연 2회 이상 실시하고 그 결과를 공표하여야 한다.

⑨ 교육감은 학교폭력 등에 관한 조사, 상담, 치유프로그램 운영, 학생 치유·회복을 위한 보호시설 운영, 법률지원을 포함한 통합지원 등을 위한 전문기관을 설치·운영하여야 한다.

⑩ 교육감은 제14조제3항에 따른 전담기구 구성원의 학교폭력 관련 전문성 향상을 위한 교육 등을 실시할 수 있다.

⑪ 교육감은 관할 구역에서 학교폭력이 발생한 때에 해당 학교의 장 또는 소속 교원이 그 경과 및 결과를 보고하면서 축소 및 은폐를 시도한 경우에는 「교육공무원법」 제50조 및 「사립학교법」 제62조에 따른 징계위원회에 징계의결을 요구하여야 한다.

⑫ 교육감은 관할 구역에서 학교폭력의 예방 및 대책 마련에 기여한 바가 큰 학교 또는 소속 교원에게 상훈을 수여하거나 소속 교원의 근무성적 평정에 가산점을 부여할 수 있다.

⑬ 교육감은 학교의 장 및 교감을 대상으로 학교폭력 예방 및 대책 등에 관한 교육을 매년 1회 이상 실시하여야 한다.

⑭ 제1항에 따라 설치되는 전담부서의 구성과 제8항에 따라 실시하는 학교폭력 실태조사, 제9항에 따른 전문기관의 설치 및 제13항에 따른 교육의 실시에 필요한 사항은 대통령령으로 정한다.

학교폭력예방법 제11조의2(학교폭력 조사·상담 등)

① 교육감은 학교폭력 예방과 사후조치 등을 위하여 다음 각 호의 조사·상담 등을 수행할 수 있다.

    1. 학교폭력 피해학생 상담 및 가해학생 조사

    2. 필요한 경우 가해학생 학부모 조사

    3. 학교폭력 예방 및 대책에 관한 계획의 이행 지도

    4. 관할 구역 학교폭력서클 단속

    5. 학교폭력 예방을 위하여 민간 기관 및 업소 출입·검사

    6. 그 밖에 학교폭력 등과 관련하여 필요한 사항

② 교육감은 제1항의 조사·상담 등의 업무를 대통령령으로 정하는 기관 또는 단체에 위탁할 수 있다.

③ 교육감 및 제2항에 따른 위탁 기관 또는 단체의 장은 제1항에 따른 조사·상담 등의 업무 수행에 필요한 경우 관계 기관의 장에게 협조를 요청할 수 있다.

④ 제1항에 따라 조사·상담 등을 하는 관계 직원은 그 권한을 표시하는 증표를 지니고 이를 관계인에게 보여주어야 한다.

⑤ 제1항제1호 및 제4호의 조사 등의 결과는 학교의 장 및 보호자에게 통보하여야 한다.

학교폭력예방법 시행령 제8조(전담부서의 구성 등)

① 법 제11조제1항에 따라 다음 각 호의 업무를 수행하기 위하여 시·도교육청 및 교육지원청에 과·담당관 또는 팀을 둔다.

    1. 학교폭력 예방과 근절을 위한 대책의 수립과 추진에 관한 사항

    2. 학교폭력 피해학생의 치료 및 가해학생에 대한 조치에 관한 사항

    3. 학교폭력 피해학생과 가해학생 간의 관계 회복을 위하여 필요한 조치에 관한 사항

    3의2. 학교폭력 피해학생을 위한 법률 자문 등 법률지원에 관한 사항

    3의3. 학교폭력 관련 조사·상담에 관한 사항

    4. 그 밖에 학교폭력의 예방·대책 및 통합지원과 관련하여 교육감이 정하는 사항

② 교육감은 법 제11조의2에 따른 학교폭력 조사·상담 업무의 효율적인 수행을 위하여 필요한 경우에는 제1항에 따른 전담부서에서 학교폭력 조사·상담 관련 전문가를 활용하도록 할 수 있다.

③ 제2항에 따라 활용하는 학교폭력 조사·상담 관련 전문가의 역할, 요건, 수당 지급 등에 관한 세부 사항은 교육감이 정한다.

교육감은 시·도교육청에 학교폭력의 예방·대책 및 법률지원을 포함한 통합지원을 담당하는 전담부서를 설치·운영하여야 한다. 학교폭력 전담부서는 ① 학교폭력 예방과 근절을 위한 대책의 수립과 추진에 관한 사항, ② 학교폭력 피해학생의 치료 및 가해학생에 대한 조치에 관한 사항, ③ 학교폭력 피해학생과 가해학생 간의 관계 회복을 위하여 필요한 조치에 관한 사항, ④학교폭력 피해학생을 위한 법률 자문 등 법률지원에 관한 사항, ⑤ 학교폭력 관련 조사·상담에 관한 사항, ⑥ 그 밖에 학교폭력의 예방·대책 및 통합지원과 관련하여 교육감이 정하는 사항 등의 업무를 수행한다.

2) 지원 자격 및 요건

학교폭력예방법 시행령의 개정 전까지는 학교폭력이 발생하면 사건의 발생 장소와 상관없이 학교 폭력 책임교사가 사안을 조사해왔다. 그러나 이 과정에서 책임교사가 학부모와 갈등을 겪거나 학부모로부터 협박, 악성민원 등에 시달리는 사례가 증가하였고 학교폭력 관련 업무로 인하여 공교육의 본질인 수업과 생활지도에 집중할 수 없게 된다는 문제점이 발생하였다. 이에 따라 2024년부터 학교폭력 사안조사는 교사가 아닌 학교폭력 전담 조사관이 맡게 되었다.

　조사관의 지원 자격으로는 학교폭력, 생활지도, 수사·조사 경력 등이 있는 퇴직 경찰 또는 퇴직 교원 등이 있다. 그러나 반드시 경찰 또는 교원 자격을 요하는 것은 아니며, 청소년과 관련된 경력, 지식, 경험 등이 있으면 지원할 수 있다.

- 퇴직교원으로서 학교폭력 또는 생활지도 업무 경력이 2년 이상인 사람 (현재 교원 중 2024.3.1.까지 퇴직예정자 포함)

- 퇴직경찰로서 학교폭력·선도 업무 또는 조사·수사 업무경력이 2년 이상인 사람 (현재 경찰 중 2024.3.1.까지 퇴직예정자 포함)

- 청소년 선도, 보호 및 상담 단체에서 청소년 선도, 보호 및 상담 활동을 2년 이상 담당한 사람

- 그 밖에 학교폭력예방 및 청소년 보호에 대한 지식과 경험이 풍부한 사람

___

또한 그 외에도 학교폭력 사안을 파악하고 정리할 수 있는 역량을 갖춘 사람, 조사 및 회의 참석을 위한 이동이 가능한 사람, 교육적 가치 중립, 공정성, 봉사하는 자세, 전문성, 배려심, 책임감, 적극성 등의 기본 소양을 갖춘 사람을 지원 요건으로 한다.

3) 전담 조사관의 역할

• 사안 조사 절차
① 피해·가해학생 및 학부모 면담
② 학생 작성 확인서 접수
③ 목격자 면담(학생, 담임교사 등)
④ 객관적 입증자료 확보

• 보고서 작성 절차
① 사안조사보고서 작성
② 학교장, 학교폭력제로센터에 조사결과 보고

우선 조사관은 학교폭력 사안을 배정받은 후 학교폭력의 사안 조사를 실시한다. 조사관은 피해 및 가해학생 심층 면담, 관련 학생의 보호자 및 관련 교사와 면담을 하는 등 학교폭력 피해·가해 사실에 대한 입증자료를 수집하고 구체적인 조사를 진행하게 된다.

조사관은 구체적인 사실 확인을 위해서 피해·가해학생, 목격자 등의 확인서, 학급을 대상으로 실시한 설문조사, 메신저·문자메시지·SNS·음성 자료·관련 사진·관련 동영상 등, 신체·정신적 진단서 등을 수집한다. 이는 입증자료로 활용될 수 있으므로 객관적이고 공정하게 사안 조사를 실시해야 한다.

면담 조사의 경우 학생의 심리·정서적 상태에 유의하며 진행한다. 학생들은 서면조사에 어떠한 내용을 기재하여야 할지 알지 못하는 경우가 많으므로 기재 과정에서 조사관의 도움을 요한다.

장애학생에 대한 사안조사의 경우, 특수교육 전문가 등을 참여시켜 장애학생의 진술 기회를 확보할 수 있도록 지원할 수 있다. 또한 성폭력 등 성과 관련된 사안조사의 경우, 비밀유지에 특별히 유의하고 대상 학생의 신변 보호, 2차 피해 발생 방지 등에 주의해야 한다.

조사관은 사안을 종합적으로 판단한 뒤 사안조사 결과를 보고서로 작성한다. 피해·가해학생 양측의 의견이 대립하여 조사관이 사실 확인이 어려울 경우 양측의 주장을 모두 기록할 수 있다. 조사관은 이러한 사안조사 보고서를 학교폭력 전담기구 및 제로센터에 보고한다.

학교장 자체해결 부의 여부를 심의한 뒤 자체해결이 가능하다고 판단될 경우 자체해결을 통보하고 관계회복 프로그램 등으로 진행된다. 그러나 사안이 중대하거나 피해학생 및 그 보호자가 자체해결에 부동의하는 등 자체해결이 불가능하다고 판단될 경우, 조사관은 사례회의, 보완조사, 관계개선을 진행한다.

사례회의는 학교폭력 제로센터장, 장학사, 주무관, 해당 사안 전담조사관 등이 참석하며, 교육(지원)청 내부 구성원을 중심으로 운영하되 성폭력, 언론보도 사안 등 중대 사안에 대하여는 학교전담경찰관(SPO)이나 외부 전문가를 참석하게 할 수 있다. 참석 대상자들은 사례회의를 개최하여 학교폭력 사안 조사의 완결성, 객관성 등을 확인하고 필요시 중대사안 수사 의뢰를 하게 된다. 보고서 제출 후 제로센터장의 보완조사 요청이 있을 경우 추가로 보완조사가 진행된다. 보완조사를 위하여 조사관이 추가 조사를 거치거나 학교전담경찰관(SPO)으로부터 자문을 받을 수 있다. 충분한 조사가 이루어졌다고 판단하면 심의위원회에 사안조사 보고서를 제출한다.

나. 학교폭력 전담 경찰관

1) 관련 법령

학교폭력예방법 제20조의6(학교전담경찰관)

① 국가는 학교폭력 예방 및 근절을 위하여 학교폭력 업무 등을 전담하는 경찰관을 둘 수 있다.

② 제1항에 따른 학교전담경찰관의 운영에 필요한 사항은 대통령령으로 정한다.

학교폭력예방법 시행령 제31조의2(학교전담경찰관의 운영)

① 경찰청장은 법 제20조의6제1항에 따라 학교전담경찰관을 둘 경우에는 학생 상담 관련 학위나 자격증 소지 여부, 학생 지도 경력 등 학교폭력 업무 수행에 필요한 전문성을 고려해야 한다.

② 학교전담경찰관은 다음 각 호의 업무를 수행한다.

  1. 학교폭력 예방활동
  2. 피해학생 보호 및 가해학생 선도
  3. 학교폭력 단체에 대한 정보 수집
  4. 학교폭력 단체의 결성예방 및 해체
  5. 그 밖에 경찰청장이 교육부장관과 협의해 학교폭력 예방 및 근절 등을 위해 필요하다고 인정하는 업무

③ 학교전담경찰관이 소속된 경찰관서의 장과 학교의 장은 학교폭력 예방 및 근절을 위해 상호 협력해야 한다.

국가는 학교폭력 예방 및 근절을 위하여 학교폭력 업무 등을 전담하는 경찰관을 둘 수 있다. 학교폭력 전담 경찰관(SPO) 제도는 2012년 도입되었으며 2017년 학교폭력예방법에 규정이 신설됨으로써 근거 법령이 마련되었다.

2) 학교폭력 경찰관의 역할

학교폭력 전담경찰관은 ① 학교폭력 예방활동, ② 피해학생 보호 및 가해학생 선도, ③ 학교폭력 단체에 대한 정보 수집, ④ 학교폭력 단체의 결성예방 및 해체, ⑤ 그 밖에 경찰청장이 교육부장관과 협의해 학교폭력 예방 및 근절 등을 위해 필요하다고 인정하는 업무를 담당한다.

구체적으로는 학생과 학부모, 교사를 대상으로 학내 또는 학외 폭력, 청소년 범죄, 가출, 약물 오•남용, 학교 폭력에 대한 사례 및 대응 요령, 신고 방법 등을 교육한다. 그 외에도 경찰서에서 운영하는 선도 프로그램에 참여시키거나 학교와 경찰서 간의 협력체계 강화를 통한 공동 대응 체계 구축, 학교폭력 사건 수사, 학교 및 우범지역 순찰 등의 역할도 담당한다.

다. 학교폭력 전담기구

1) 관련 법령

학교폭력예방법 제14조(전문상담교사 배치 및 전담기구 구성)

① 학교의 장은 학교에 대통령령으로 정하는 바에 따라 상담실을 설치하고, 「초·중등교육법」 제19조의2에 따라 전문상담교사를 둔다.

② 전문상담교사는 학교의 장 및 심의위원회의 요구가 있는 때에는 학교폭력에 관련된 피해학생 및 가해학생과의 상담결과를 보고하여야 한다.

③ 학교의 장은 교감, 전문상담교사, 보건교사 및 책임교사(학교폭력문제를 담당
하는 교사를 말한다), 학부모 등으로 학교폭력문제를 담당하는 전담기구(이
하 "전담기구"라 한다)를 구성한다. 이 경우 학부모는 전담기구 구성원의 3분
의 1 이상이어야 한다.

④ 학교의 장은 학교폭력 사태를 인지한 경우 지체 없이 전담기구 또는 소속 교
원으로 하여금 가해 및 피해 사실 여부를 확인하도록 하고, 전담기구로 하여
금 제13조의2에 따른 학교의 장의 자체해결 부의 여부를 심의하도록 한다.

⑤ 전담기구는 학교폭력에 대한 실태조사(이하 "실태조사"라 한다)와 학교폭력
예방 프로그램을 구성·실시하며, 학교의 장 및 심의위원회의 요구가 있는 때
에는 학교폭력에 관련된 조사결과 등 활동결과를 보고하여야 한다.

⑥ 피해학생 또는 피해학생의 보호자는 피해사실 확인을 위하여 전담기구에 실
태조사를 요구할 수 있다.

⑦ 국가 및 지방자치단체는 실태조사에 관한 예산을 지원하고, 관계 행정기관은
실태조사에 협조하여야 하며, 학교의 장은 전담기구에 행정적·재정적 지원
을 할 수 있다.

⑧ 전담기구는 성폭력 등 특수한 학교폭력사건에 대한 실태조사의 전문성을 확보
하기 위하여 필요한 경우 전문기관에 그 실태조사를 의뢰할 수 있다. 이 경우
그 의뢰는 심의위원회 위원장의 심의를 거쳐 학교의 장 명의로 하여야 한다.

⑨ 그 밖에 전담기구 운영 등에 필요한 사항은 대통령령으로 정한다.

학교폭력예방법 시행령 제16조(전담기구 운영 등)

① 법 제14조제3항에 따른 학교폭력문제를 담당하는 전담기구(이하 "전담기구"
라 한다)의 구성원이 되는 학부모는 「초·중등교육법」 제31조에 따른 학교운
영위원회에서 추천한 사람 중에서 학교의 장이 위촉한다. 다만, 학교운영위원
회가 설치되지 않은 학교의 경우에는 학교의 장이 위촉한다.

② 전담기구는 가해 및 피해 사실 여부에 관하여 확인한 사항을 학교의 장에게
보고해야 한다.

③ 제1항 및 제2항에서 규정한 사항 외에 전담기구의 운영에 필요한 사항은 학
교의 장이 정한다.

학교의 장은 학교폭력 전담기구의 구성권자로서 학교폭력 사태를 인지한 경우
지체 없이 전담기구 또는 소속 교원으로 하여금 가해 및 피해 사실 여부를 확인
하도록 하고, 전담기구로 하여금 제13조의2에 따른 학교의 장의 자체해결 부의
여부를 심의하도록 한다.

전담기구의 구성원은 교감, 전문상담교사, 보건교사 및 책임교사, 학부모 등이
며, 학부모는 전담기구 구성원의 3분의 1 이상이어야 한다. 전담기구의 구성원
이 되는 학부모는 학교운영위원회에서 추천한 사람 중에서 학교장이 위촉한다.

전담기구 총원	5명	6명	7명	8명	9명	10명
학부모 수 (총원의 1/3 이상)	2명 이상	2명 이상	3명 이상	3명 이상	3명 이상	4명 이상

※ 전담기구 인원은 학교 상황에 따라 구성하며 전담기구 구성원 범위의 상한 기준과 하한 기준은 없음

2) 학교폭력 전담기구의 역할

- **학교폭력 사안접수 및 보호자 통보**
① 학교폭력신고 접수대장 비치
② 신고 받은 사안에 대해 기록·관리
③ 접수한 사안에 대하여 보호자에게 통보

- **교육(지원)청 보고**
① 학교폭력 인지 후 48시간 이내에 교육청으로 사안 보고
② 아동·청소년 대상 성범죄 사안은 반드시 수사기관에 신고

- **학교장 자체해결 부의 여부 심의**
① 학교장 자체해결의 객관적 요건 충족 여부 검토
② 피해학생과 그 보호자의 학교폭력대책심의위원회 개최 요구 의사 확인

- **학교장 긴급조치 여부 심의**
피해학생 측의 요청이 있는 경우, 가해학생에게 출석정지 또는 학급교체 조치를
내릴지 여부를 심의

- **집행정지 결정에 따른 '가해학생과 피해학생 분리' 심의**
가해학생 조치에 대한 선도조치 집행정지 신청이 인용되어 피해학생 측이 요청
하는 경우에 전담기구 심의를 거쳐 가해·피해학생을 분리

- **졸업 전 가해학생 조치사항 삭제 심의**
가해학생 조치사항 중 '사회봉사, 특별교육, 출석정지, 학급교체'의 삭제를 심의.
다만, 2024. 2. 28. 이전 신고된 학교폭력에 따른 가해학생 조치사항인 경우에
는 '사회봉사, 특별교육, 출석정지, 전학'의 삭제만 심의함

우선 학교폭력 전담기구는 학교폭력신고 접수대장을 비치하고 117 신고센터, 학교장, 교사, 학생, 보호자 등 학교폭력 현장을 보거나 그 사실을 알게 된 자 및 기관으로부터 신고 받은 사안에 대해 기록·관리한다. 학교폭력신고 접수대장은 이후 학교장, 교원의 학교폭력 은폐 여부를 판단하는 기초자료로 활용되므로, 사소한 사안일지라도 신고가 있었던 것은 접수하여야 한다. 접수한 사안에 대해서는 즉시 관련 학생 보호자에게 통보하고, 통보 일자, 통보 방법 등을 기록한다.

기존에는 학교폭력을 인지한 경우 학교폭력 전담기구가 학교폭력 사실 확인을 하였으나, 2024년 3월부터 학교폭력 조사관이 학교폭력 사안조사를 진행하게 되며, 전담기구의 역할에서 제외되었다.

그러나 여전히 전담기구는 원칙적으로 학교폭력 인지 후 48시간 이내에 교육(지원)청으로 사안을 보고하여야 하며, 아동·청소년을 대상으로 한 성범죄 사안은 반드시 수사기관에 신고를 하여야 한다. 이때 학교전담경찰관(SPO)을 통한 상담은 수사기관에 대한 신고로 볼 수 없으니 유의하여야 한다.

이후 학교폭력 조사관의 보고를 받은 후 학교장 자체해결의 객관적 요건 충족 여부 및 피해학생과 그 보호자의 학교폭력대책심의위원회 개최 요구 의사를 확인한다.

학교폭력예방법 제17조 제6항에 의하여 피해학생 측의 요청이 있는 경우 가해학생에게 제17초 제1항 제6호(출석정지) 또는 제7호(학급교체) 조치를 내릴지 여부를 심의한다. 또한 학교폭력예방법 제17조의4 제3항에 의하여, 가해학생 조치에 대한 집행정지 신청이 인용되어 피해학생 측이 요청하는 경우 전담기구 심의 절차를 거쳐 가해학생과 피해학생을 분리해야 한다.

전담기구는 졸업 전 가해학생 조치사항을 삭제할지에 대한 여부를 심의한다. 이 때 심의의 대상은 학교폭력예방법 제17조 제1항 제4호(사회봉사), 제5호(특별교육), 제6호(출석정지), 제7호(학급교체)에 한정하며, 심의대상자 조건을 만족할 경우 졸업과 동시에 삭제 가능 여부를 심의한다.

라. 피해학생의 보호

1) 피해학생의 분리

학교폭력예방법 제16조(피해학생의 보호)

① 심의위원회는 피해학생의 보호를 위하여 필요하다고 인정하는 때에는 피해학생에 대하여 다음 각 호의 어느 하나에 해당하는 조치(수 개의 조치를 동시에 부과하는 경우를 포함한다)를 할 것을 교육장(교육장이 없는 경우 제12조 제1항에 따라 조례로 정한 기관의 장으로 한다. 이하 같다)에게 요청할 수 있다. 다만, 학교의 장은 학교폭력사건을 인지한 경우 피해학생의 반대의사 등 대통령령으로 정하는 특별한 사정이 없으면 지체 없이 가해자(교사를 포함한다)와 피해학생을 분리하여야 하며, 피해학생이 긴급보호를 요청하는 경우에는 제1호부터 제3호까지 및 제6호의 조치를 할 수 있다. 이 경우 학교의 장은 심의위원회에 즉시 보고하여야 한다.

    1. 학내외 전문가에 의한 심리상담 및 조언

    2. 일시보호

    3. 치료 및 치료를 위한 요양

    4. 학급교체

5. 삭제

6. 그 밖에 피해학생의 보호를 위하여 필요한 조치

② 심의위원회는 제1항에 따른 조치를 요청하기 전에 피해학생 및 그 보호자에게 의견진술의 기회를 부여하는 등 적정한 절차를 거쳐야 한다.

③ 제1항에 따른 요청이 있는 때에는 교육장은 피해학생의 보호자의 동의를 받아 7일 이내에 해당 조치를 하여야 한다.

④ 제1항의 조치 등 보호가 필요한 학생에 대하여 학교의 장이 인정하는 경우 그 조치에 필요한 결석을 출석일수에 포함하여 계산할 수 있다.

⑤ 학교의 장은 성적 등을 평가하는 경우 제3항에 따른 조치로 인하여 학생에게 불이익을 주지 아니하도록 노력하여야 한다.

⑥ 피해학생이 전문단체나 전문가로부터 제1항제1호부터 제3호까지의 규정에 따른 상담 등을 받는 데에 사용되는 비용은 가해학생의 보호자가 부담하여야 한다. 다만, 피해학생의 신속한 치료를 위하여 학교의 장 또는 피해학생의 보호자가 원하는 경우에는 「학교안전사고 예방 및 보상에 관한 법률」제15조에 따른 학교안전공제회 또는 시·도교육청이 부담하고 이에 대한 상환청구권을 행사할 수 있다.

⑦ 학교의 장 또는 피해학생의 보호자는 필요한 경우 「학교안전사고 예방 및 보상에 관한 법률」제34조의 공제급여를 학교안전공제회에 직접 청구할 수 있다.

⑧ 피해학생의 보호 및 제6항에 따른 지원범위, 상환청구범위, 지급절차 등에 필요한 사항은 대통령령으로 정한다.

학교폭력예방법 시행령 제17조의2(가해자와 피해학생 분리 조치의 예외)

법 제16조제1항 각 호 외의 부분 단서에서 "피해학생의 반대의사 등 대통령령으로 정하는 특별한 사정"이란 다음 각 호의 경우를 말한다.

1. 피해학생이 반대의사를 표명하는 경우

2. 가해자 또는 피해학생이 「학교안전사고 예방 및 보상에 관한 법률」 제2조제4호에 따른 교육활동 중이 아닌 경우

3. 법 제17조제5항 전단 및 같은 조 제6항 전단에 따른 조치로 이미 가해자와 피해학생이 분리된 경우

학교안전사고 예방 및 보상에 관한 법률 제2조(정의)

4. "교육활동"이라 함은 다음 각 목의 어느 하나에 해당하는 활동을 말한다.

    가. 학교의 교육과정 또는 학교의 장(이하 "학교장"이라 한다)이 정하는 교육계획 및 교육방침에 따라 학교의 안팎에서 학교장의 관리·감독 하에 행하여지는 수업·특별활동·재량활동·과외활동·수련활동·수학여행 등 현장체험활동 또는 체육대회 등의 활동

    나. 등·하교 및 학교장이 인정하는 각종 행사 또는 대회 등에 참가하여 행하는 활동

    다. 그 밖에 대통령령으로 정하는 시간 중의 활동으로서 가목 및 나목과 관련된 활동

학교의 장은 학교폭력사건을 인지한 경우, 특별한 사정이 없으면 지체 없이 가해자와 피해학생을 분리하여야 한다. 이는 가해자를 피해학생으로부터 분리하여 피해학생의 정서적·심리적 불안정을 해소하고, 2차 피해를 방지하는 등 학교폭력 상황을 완화하고자 함이다. 따라서 관련 학생 양측이 모두 피해를 주장하며 분리를 요청하는 경우 양측의 의사를 모두 반영하여 상호분리를 하여야 한다.

학교의 장이 학교폭력 사건을 인지한 경우란 피해학생 소속 학교에 학교폭력 사안이 신고·접수된 뒤 학교장이 보고를 받아 알게 된 날을 의미한다. 피해학생에게 분리 의사를 확인한 뒤 전담기구 또는 소속교원 협의회를 통해 학교장이 24시간 이내 분리방법을 결정하여야 한다.

다만 예외적으로, ① 피해학생이 분리 반대의사를 표명하거나, ② 학교안전사고예방및보상에관한법률에서 규정하는 '교육활동' 중이 아닌 경우, ③ 이미 가해자와 피해학생이 분리된 경우에는 분리절차가 진행되지 아니한다.

2) 긴급조치

학교폭력예방법 제16조(피해학생의 보호)

① 심의위원회는 피해학생의 보호를 위하여 필요하다고 인정하는 때에는 피해학생에 대하여 다음 각 호의 어느 하나에 해당하는 조치(수 개의 조치를 동시에 부과하는 경우를 포함한다)를 할 것을 교육장(교육장이 없는 경우 제12조제1항에 따라 조례로 정한 기관의 장으로 한다. 이하 같다)에게 요청할 수 있다.

다만, 학교의 장은 학교폭력사건을 인지한 경우 피해학생의 반대의사 등 대통령령으로 정하는 특별한 사정이 없으면 지체 없이 가해자(교사를 포함한다)와 피해학생을 분리하여야 하며, 피해학생이 긴급보호를 요청하는 경우에는 제1호부터 제3호까지 및 제6호의 조치를 할 수 있다. 이 경우 학교의 장은 심의위원회에 즉시 보고하여야 한다.

1. 학내외 전문가에 의한 심리상담 및 조언
2. 일시보호
3. 치료 및 치료를 위한 요양
4. 학급교체
5. 삭제
6. 그 밖에 피해학생의 보호를 위하여 필요한 조치

② 심의위원회는 제1항에 따른 조치를 요청하기 전에 피해학생 및 그 보호자에게 의견진술의 기회를 부여하는 등 적정한 절차를 거쳐야 한다.

③ 제1항에 따른 요청이 있는 때에는 교육장은 피해학생의 보호자의 동의를 받아 7일 이내에 해당 조치를 하여야 한다.

④ 제1항의 조치 등 보호가 필요한 학생에 대하여 학교의 장이 인정하는 경우 그 조치에 필요한 결석을 출석일수에 포함하여 계산할 수 있다.

⑤ 학교의 장은 성적 등을 평가하는 경우 제3항에 따른 조치로 인하여 학생에게 불이익을 주지 아니하도록 노력하여야 한다.

⑥ 피해학생이 전문단체나 전문가로부터 제1항제1호부터 제3호까지의 규정에 따른 상담 등을 받는 데에 사용되는 비용은 가해학생의 보호자가 부담하여야 한다. 다만, 피해학생의 신속한 치료를 위하여 학교의 장 또는 피해학생의 보호자가 원하는 경우에는 「학교안전사고 예방 및 보상에 관한 법률」제15조에

따른 학교안전공제회 또는 시·도교육청이 부담하고 이에 대한 상환청구권을 행사할 수 있다.

⑦ 학교의 장 또는 피해학생의 보호자는 필요한 경우 「학교안전사고 예방 및 보상에 관한 법률」 제34조의 공제급여를 학교안전공제회에 직접 청구할 수 있다.

⑧ 피해학생의 보호 및 제6항에 따른 지원범위, 상환청구범위, 지급절차 등에 필요한 사항은 대통령령으로 정한다.

학교폭력예방법 제17조(가해학생에 대한 조치)

① 심의위원회는 피해학생의 보호와 가해학생의 선도·교육을 위하여 가해학생에 대하여 다음 각 호의 어느 하나에 해당하는 조치(수 개의 조치를 동시에 부과하는 경우를 포함한다)를 할 것을 교육장에게 요청하여야 하며, 각 조치별 적용 기준은 대통령령으로 정한다. 다만, 퇴학처분은 의무교육과정에 있는 가해학생에 대하여는 적용하지 아니한다.

1. 피해학생에 대한 서면사과
2. 피해학생 및 신고·고발 학생에 대한 접촉, 협박 및 보복행위(정보통신망을 이용한 행위를 포함한다)의 금지
3. 학교에서의 봉사
4. 사회봉사
5. 학내외 전문가, 교육감이 정한 기관에 의한 특별 교육이수 또는 심리치료
6. 출석정지
7. 학급교체
8. 전학
9. 퇴학처분

② 제1항에 따라 심의위원회가 교육장에게 가해학생에 대한 조치를 요청할 때 그 이유가 피해학생이나 신고·고발 학생에 대한 협박 또는 보복행위(정보통신망을 이용한 행위를 포함한다)일 경우에는 같은 항 제6호부터 제9호까지의 조치를 동시에 부과하거나 조치 내용을 가중할 수 있다.

③ 제1항제2호부터 제4호까지 및 제6호부터 제8호까지의 처분을 받은 가해학생은 교육감이 정한 기관(대안교육기관을 포함한다)에서 특별교육을 이수하거나 심리치료를 받아야 하며, 그 기간은 심의위원회에서 정한다.

④ 학교의 장은 학교폭력을 인지한 경우 지체 없이 제1항제2호의 조치를 하여야 한다.

⑤ 학교의 장은 피해학생의 보호와 가해학생의 선도·교육이 긴급하다고 인정할 경우 우선 제1항제1호, 제3호, 제5호부터 제7호까지의 조치를 각각 또는 동시에 부과할 수 있다. 이 경우 심의위원회에 즉시 보고하여 추인을 받아야 한다.

⑥ 학교의 장은 피해학생 및 그 보호자가 요청할 경우 전담기구 심의를 거쳐 제1항제6호 또는 제7호의 조치를 할 수 있다. 이 경우 심의위원회에 즉시 보고하여 추인을 받아야 한다.

⑦ 제5항 및 제6항에 따라 학교의 장이 부과하는 제1항제6호 조치의 기간은 심의위원회 조치결정시까지로 정할 수 있다.

⑧ 심의위원회는 제1항 또는 제2항에 따른 조치를 요청하기 전에 가해학생 및 보호자에게 의견진술의 기회를 부여하는 등 적정한 절차를 거쳐야 한다.

⑨ 제1항에 따른 요청이 있는 때에는 교육장은 14일 이내에 해당 조치를 하여야 한다.

⑩ 학교의 장이 제4항부터 제6항까지에 따른 조치를 한 때에는 가해학생과 그 보호자에게 이를 통지하여야 하며, 가해학생이 이를 거부하거나 회피하는 때에는 학교의 장은 「초·중등교육법」 제18조에 따라 징계하여야 한다.

⑪ 제1항제2호의 처분을 받은 가해학생의 보호자는 가해학생이 해당 조치를 적절히 이행할 수 있도록 노력하여야 한다.

⑫ 가해학생이 제1항제3호부터 제5호까지의 규정에 따른 조치를 받은 경우 이와 관련된 결석은 학교의 장이 인정하는 때에는 이를 출석일수에 포함하여 계산할 수 있다.

⑬ 심의위원회는 가해학생이 특별교육을 이수할 경우 해당 학생의 보호자도 함께 교육을 받게 하여야 하며, 피해학생이 장애학생일 경우 장애인식개선 교육내용을 포함하여야 한다.

⑭ 가해학생이 다른 학교로 전학을 간 이후에는 전학 전의 피해학생 소속 학교로 다시 전학올 수 없도록 하여야 한다.

⑮ 제1항제2호부터 제9호까지의 처분을 받은 학생이 해당 조치를 거부하거나 기피하는 경우 심의위원회는 제7항에도 불구하고 대통령령으로 정하는 바에 따라 추가로 다른 조치를 할 것을 교육장에게 요청할 수 있다.

⑯ 피해학생 및 그 보호자는 제9항, 제10항 및 제15항에 따른 조치 또는 징계가 지연되거나 이행되지 아니할 경우 교육감에게 신고할 수 있으며, 신고하는 경우 교육감은 지체 없이 사실 여부를 확인하기 위하여 대통령령으로 정하는 바에 따라 교육장 또는 학교의 장을 조사하여야 한다.

⑰ 가해학생에 대한 조치 및 제11조제6항에 따른 재입학 등에 관하여 필요한 사항은 대통령령으로 정한다.

학교폭력예방법 시행령 제21조(가해학생에 대한 우선 출석정지 등)

① 법 제17조제5항 전단 및 같은 조 제6항 전단에 따라 학교의 장이 출석정지 또는 학급교체 조치를 할 수 있는 경우는 다음 각 호와 같다.

    1. 2명 이상의 학생이 고의적·지속적으로 폭력을 행사한 경우

    2. 학교폭력을 행사하여 전치 2주 이상의 상해를 입힌 경우

    3. 학교폭력에 대한 신고, 진술, 자료제공 등에 대한 보복을 목적으로 폭력을 행사한 경우

    4. 학교의 장이 피해학생을 가해학생으로부터 긴급하게 보호할 필요가 있다고 판단하는 경우

    5. 피해학생 및 그 보호자가 가해학생과의 분리를 요청하는 경우

② 학교의 장은 제1항에 따라 출석정지 또는 학급교체 조치를 하려는 경우에는 해당 학생 또는 보호자의 의견을 들어야 한다. 다만, 학교의 장이 해당 학생 또는 보호자의 의견을 들으려 하였으나 이에 따르지 아니한 경우에는 그러하지 아니하다.

우선 피해학생에 대하여, 학교장은 피해학생이 긴급보호를 요청하는 경우에는 학교폭력예방법 제16조 제1호(학내외 전문가에 의한 심리상담 및 조언), 제2호(일시보호), 제3호(치료 및 치료를 위한 요양), 제6호(그 밖에 피해학생의 보호를 위하여 필요한 조치)의 조치를 할 수 있다. 또한 학교장은 피해학생에 대한 긴급조치는 심의위원회에 즉시 보고하여야 한다.

다음으로 가해학생에 대하여. 학교장은 학교폭력을 인지한 경우 지체없이 학교폭력예방법 제17조 제1항 제2호(피해학생 및 신고·고발 학생에 대한 접촉, 협박 및 보복행위의 금지)의 조치를 하여야 한다.

또한 학교장은 피해학생 보호와 가해학생의 선도·교육이 긴급하다고 인정할 경우 학교장 자체해결 혹은 심의위원회 개최 요청 전에 학교폭력예방법 제1호(피해학생에 대한 서면사과), 제3호(학교에서의 봉사), 제5호(학내외 전문가, 교육감이 정한 기관에 의한 특별 교육이수 또는 심리치료), 제6호(출석정지), 제7호(학급교체) 조치를 할 수 있다. 다만, 중대한 처분인 출석정지와 학급교체는 ① 2명 이상의 학생이 고의적·지속적으로 폭력을 행사한 경우, ② 학교폭력을 행사하여 전치 2주 이상의 상해를 입힌 경우, ③ 학교폭력에 대한 신고, 진술, 자료제공 등에 대한 보복을 목적으로 폭력을 행사한 경우, ④ 학교의 장이 피해학생을 가해학생으로부터 긴급하게 보호할 필요가 있다고 판단하는 경우, ⑤ 피해학생 및 그 보호자가 가해학생과의 분리를 요청하는 경우에 한한다.

아울러 학교장은 피해학생 및 그 보호자가 요청할 경우 전담기구 심의를 거쳐 제6호(출석정지) 또는 제7호(학급교체) 조치를 할 수 있다.

학교장이 가해학생에 대한 조치를 한 때에는 가해학생과 그 보호자에게 이를 통지하여야 하며, 가해학생이 이를 거부하거나 회피하는 때에는 학교의 장은 「초·중등교육법」 제18조 및 동법 시행령 제31조에 따라 '학교 내의 봉사·사회봉사·특별교육·출석정지(1회 10일 이내, 연간 30일 이내)·퇴학 처분'을 통하여 징계하여야 한다.

3) 피해학생 지원

학교폭력예방법 제16조의3(피해학생 지원 조력인)

① 교육감 또는 교육장은 피해학생 지원을 위하여 피해학생이 필요로 하는 법률, 상담, 보호 등을 위한 서비스 및 지원기관을 연계하는 조력인(이하 "피해학생 지원 조력인"이라 한다)을 지정할 수 있다.

② 교육감 또는 교육장은 피해학생 지원 조력인의 운영을 위한 행정적·재정적 지원을 하여야 한다.

③ 피해학생 지원 조력인의 지정 및 운영에 관한 사항은 대통령령으로 정한다.

학교폭력예방법 제16조의4(사이버폭력의 피해자 지원)

① 국가는 사이버폭력에 해당하는 촬영물, 음성물, 복제물, 편집물, 개인정보, 허위사실 등(이하 이 조에서 "촬영물등"이라 한다)이 정보통신망에 유포되어 피해(촬영물등의 대상자가 되어 입은 피해를 말한다)를 입은 학생에 대하여 촬영물등의 삭제를 위한 지원을 할 수 있다.

② 제1항에 따른 피해학생, 그 보호자 또는 피해학생이나 보호자가 지정하는 대리인은 국가에 촬영물등의 삭제를 위한 지원을 요청할 수 있다. 이 경우 피해학생이나 그 보호자가 지정하는 대리인은 대통령령으로 정하는 요건을 갖추어 삭제지원을 요청하여야 한다.

③ 제1항에 따른 촬영물등 삭제지원에 소요되는 비용은 사이버폭력의 가해학생 또는 그 보호자가 부담한다.

④ 국가가 제1항에 따라 촬영물등 삭제지원에 소요되는 비용을 지출한 경우 사이버폭력의 가해학생 또는 그 보호자에게 상환청구권을 행사할 수 있다.

⑤ 제1항 및 제2항에 따른 촬영물등 삭제지원의 내용·방법, 제4항에 따른 상환청구권 행사의 절차·방법 등에 필요한 사항은 대통령령으로 정한다.

학교폭력예방법 시행령 제18조의2(피해학생 지원 조력인의 지정·운영)

① 교육감 또는 교육장은 법 제16조의3에 따라 다음 각 호의 요건을 모두 갖춘 사람으로서 청소년 보호 및 정서 지원에 대한 지식과 경험이 풍부한 사람을 피해학생이 필요로 하는 법률, 상담, 보호 등을 위한 서비스 및 지원기관을 연계하는 조력인(이하 "피해학생 지원 조력인"이라 한다)으로 지정할 수 있다.

1. 다음 각 목의 어느 하나에 해당하는 사람일 것

　　가. 「사회복지사업법」 제11조에 따른 사회복지사

　　나. 교원으로 재직하고 있거나 재직했던 사람

　　다. 경찰공무원으로 재직하고 있거나 재직했던 사람

　　라. 그 밖에 청소년 보호 및 정서 지원 등에 대한 지식과 경험이 풍부하다고 교육감 또는 교육장이 인정하는 사람

2. 다음 각 목에 해당하지 않는 사람일 것

　　가. 「국가공무원법」 제33조 각 호의 어느 하나에 해당하는 사람

나. 「아동·청소년의 성보호에 관한 법률」에 따른 아동·청소년대상 성범
　　　　죄 또는 「성폭력범죄의 처벌 등에 관한 특례법」에 따른 성폭력범죄를
　　　　저질러 벌금형을 선고받고 그 형이 확정된 날부터 10년이 지나지 않
　　　　았거나, 금고 이상의 형이나 치료감호를 선고받고 그 집행이 끝나거나
　　　　집행이 유예·면제된 날부터 10년이 지나지 않은 사람
　　다. 「청소년 보호법」 제2조제5호가목3) 및 같은 목 7)부터 9)까지의 청
　　　　소년 출입·고용금지업소의 업주나 종사자

② 피해학생 지원 조력인이 되려는 사람은 교육감 또는 교육장에게 제1항제2호
　각 목에 해당하지 않는다는 확인서를 제출해야 한다.

③ 교육감 또는 교육장은 제1항에 따라 피해학생 지원 조력인으로 지정된 사람
　이 다음 각 호의 어느 하나에 해당하는 경우에는 그 지정을 철회할 수 있다.

　1. 심신쇠약으로 인하여 직무를 수행할 수 없게 된 경우

　2. 직무와 관련된 비위사실이 있는 경우

　3. 직무태만, 품위손상이나 그 밖의 사유로 인하여 피해학생 지원 조력인으
　　　로 적합하지 않다고 인정되는 경우

　4. 피해학생 지원 조력인 스스로 직무를 수행하는 것이 곤란하다고 의사를
　　　밝히는 경우

　5. 제1항제2호 각 목의 어느 하나에 해당하는 사실이 밝혀진 경우

④ 제1항부터 제3항까지에서 규정한 사항 외에 피해학생 지원 조력인의 운영 등
　에 필요한 사항은 교육감 또는 교육장이 정한다.

학교폭력예방법 시행령 제18조의3
(사이버폭력 피해학생의 지원 내용 및 방법 등)

① 교육부장관은 법 제16조의4제1항에 따라 사이버폭력에 해당하는 촬영물, 음성물, 복제물, 편집물, 개인정보, 허위사실 등(이하 이 조에서 "촬영물등"이라 한다)의 유포로 피해를 입은 학생에 대하여 다음 각 호의 지원을 할 수 있다.

    1. 촬영물등 삭제가 필요한 피해 등에 관한 상담

    2. 촬영물등 유포로 인한 피해 정보의 수집

    3. 촬영물등 삭제 여부에 대한 확인·점검

    4. 그 밖에 촬영물등 삭제지원과 관련하여 교육부장관이 필요하다고 인정하는 사항

② 제1항에 따른 피해학생, 그 보호자 또는 피해학생이나 그 보호자가 지정하는 대리인(이하 이 조에서 "삭제지원요청자"라 한다)은 다음 각 호의 서류를 갖추어 교육부장관에게 제1항 각 호의 지원을 요청할 수 있다.

    1. 삭제지원요청자의 신분을 증명하는 서류

    2. 피해학생과의 관계를 증명하는 서류(삭제지원요청자가 피해학생의 보호자이거나 그 보호자가 지정하는 대리인인 경우만 해당한다)

    3. 피해학생이나 그 보호자가 자필 서명한 위임장 및 피해학생의 신분을 증명하는 서류 사본(삭제지원요청자가 피해학생이나 보호자가 지정하는 대리인인 경우만 해당한다)

③ 교육부장관은 제1항 각 호의 지원과 관련하여 중앙행정기관 등 관계 기관이나 단체에 필요한 협조를 요청할 수 있다.

④ 교육부장관은 법 제16조의4제4항에 따라 상환청구권을 행사하려는 경우에는 사이버폭력의 가해학생 또는 그 보호자에게 청구금액의 산출근거 등을 명시하여 이를 납부할 것을 서면으로 통지해야 한다. 이 경우 납부기한은 통지일부터 60일 이내로 한다.

교육감 또는 교육장은 피해학생 지원을 위하여 피해학생 지원 조력인을 지정할 수 있고, 조력인은 피해학생이 필요로 하는 법률, 상담, 보호 등을 위한 서비스 및 지원기관의 연계 등을 지원한다.

피해학생이 사이버폭력의 피해자일 경우, 국가가 사이버폭력에 해당하는 촬영물, 음성물, 복제물, 편집물, 개인정보, 허위사실 등이 정보통신망에 유포되어 피해를 입은 학생에 대하여 촬영물등의 삭제를 위한 지원을 할 수 있다. 사이버폭력의 형식으로 이루어지는 학교폭력은 그 피해가 사이버상에 계속하여 남아있기 때문에 2차 피해 등이 발생할 수 있으며, 빠르게 확산되는 등 더욱 큰 피해가 발생할 수 있기에 국가가 나서서 지원을 하게 되는 것이다.

피해학생, 그 보호자 또는 피해학생이나 보호자가 지정하는 대리인은 ① 국가에 촬영물등 삭제가 필요한 피해 등에 관한 상담, ② 촬영물등 유포로 인한 피해 정보의 수집, ③ 촬영물등 삭제 여부에 대한 확인·점검, ④ 그 밖에 촬영물등 삭제지원과 관련하여 교육부장관이 필요하다고 인정하는 사항에 대한 지원을 요청할 수 있으며, 이에 소요되는 비용은 사이버폭력의 가해학생 또는 그 보호자가 부담하게 된다.

또한 가해학생이 심의위원회 조치결과에 대하여 행정심판·행정소송 제기할 경우, 법률 자문·소송 지원을 할 수 있는 변호사 및 법률기관 등의 조력인을 지정하여 피해학생에게 법률 지원을 할 수 있다.

3. 학교장 자체해결제

가. 관련 법령

학교폭력예방법 제13조의2(학교의 장의 자체해결)

① 제13조제2항제4호 및 제5호에도 불구하고 다음 각 호에 모두 해당하는 경미한 학교폭력에 대하여 피해학생 및 그 보호자가 심의위원회의 개최를 원하지 아니하는 경우 학교의 장은 학교폭력사건을 자체적으로 해결할 수 있다. 이 경우 학교의 장은 지체 없이 이를 심의위원회에 보고하여야 한다.

1. 2주 이상의 신체적·정신적 치료가 필요한 진단서를 발급받지 않은 경우
2. 재산상 피해가 없는 경우 또는 재산상 피해가 즉각 복구되거나 복구 약속이 있는 경우
3. 학교폭력이 지속적이지 않은 경우
4. 학교폭력에 대한 신고, 진술, 자료제공 등에 대한 보복행위(정보통신망을 이용한 행위를 포함한다)가 아닌 경우

② 학교의 장은 제1항에 따라 사건을 해결하려는 경우 다음 각 호에 해당하는 절차를 모두 거쳐야 한다.

1. 피해학생과 그 보호자의 심의위원회 개최 요구 의사의 서면 확인
2. 학교폭력의 경중에 대한 제14조제3항에 따른 전담기구의 서면 확인 및 심의

③ 학교의 장은 제1항에 따른 경미한 학교폭력에 대하여 피해학생 및 그 보호자가 심의위원회의 개최를 원하는 경우 피해학생과 가해학생 사이의 관계회복을 위한 프로그램(이하 "관계회복 프로그램"이라 한다)을 권유할 수 있다.

④ 국가 및 지방자치단체는 관계회복 프로그램의 개발·보급 및 운영을 위하여 필요한 경우 행정적·재정적 지원을 할 수 있다.

⑤ 그 밖에 학교의 장이 학교폭력을 자체적으로 해결하는 데에 필요한 사항은 대통령령으로 정한다.

학교폭력예방법 시행령 제14조의3(학교의 장의 자체해결)

학교의 장은 법 제13조의2제1항에 따라 학교폭력사건을 자체적으로 해결하는 경우 피해학생과 가해학생 간에 학교폭력이 다시 발생하지 않도록 노력해야 하며, 필요한 경우에는 피해학생·가해학생 및 그 보호자 간의 관계 회복을 위한 프로그램을 운영할 수 있다.

학교폭력예방법 제13조의2(학교의 장의 자체해결)에 의하여, 발생한 학교 폭력 사안이 ① 2주 이상의 신체적·정신적 치료를 요하는 진단서를 발급받지 않는 경우, ② 재산상 피해가 없는 경우 또는 재산상 피해가 즉각 복구되거나 복구 약속이 있는 경우, ③ 학교 폭력이 지속적이지 않은 경우, ④ 학교폭력에 대한 신고·진술·자료제공 등에 대한 보복행위(정보통신망을 이용한 행위 포함)가 아닌 경우에 모두 해당되는 '경미한 학교폭력'에 대해서, ⑤ 학교폭력에 대하여 피해학생 및 그 보호자가 심의위원회 개최를 원하지 않는 경우에 해당된다면, 학교장은 자체적으로 심의위원회 개최·결정 없이 '가해 학생의 서면 사과', '가해 학생의 대면 사과', '대화의 자리 마련하기', '봉사 활동' 등의 방식으로 학교폭력사건을 자체적으로 해결할 수 있다.

즉, 학교장 자체해결제도란 '경미한 학교폭력'에 해당하고, '피해학생 및 그 보호자의 동의'가 있는 경우, 당사자들 간 관계 회복에 중점을 두고, 가해학생의 생활기록부에 심의위원회의 결정 조치가 기재되지 아니하는 방법으로 학교장이 자체적으로 해결할 수 있게 하는 제도이다.

나. 의의

'학교장 자체해결제'란 학교의 교육적 기능의 회복을 기대하며 2019년 도입된 제도로, 이러한 제도가 도입되기 전 학교폭력의 사안 처리는 무관용 원칙을 바탕으로 시행되었다고 볼 수 있으나, 학교 폭력 현장에서는 학생들의 사소한 다툼까지 학교폭력대책심의위원회에 회부한다는 측면에서 당사자들의 관계 회복을 위한 교육적 의미가 퇴색된다는 비판을 받아왔다.

이러한 비판을 수용하여 탄생한 제도가 바로 '학교장 자체해결제'인 것이다.

다. 학교장 자체해결 절차

1) 피해학생과 그 보호자의 심의위원회 개최 요구 의사의 서면 확인

학교의 장이 자체해결에 의하여 사건을 해결하려는 경우 피해학생 및 그 보호자의 심의위원회 미개최에 대한 서면 동의서(학교장 자체해결 동의서)가 필요하다.

이때, 학교장을 비롯한 조사관 등의 관련자들은 피해학생 및 그 보호자에게 학교장 자체해결을 강요하지 않아야 하며, 피해학생 및 그 보호자는 학교장 자체해결 동의서를 제출했다 하더라도 추후 전담기구에서 '경미한 학교폭력'이 아니라고 하는 경우에는 학교장 자체해결이 불가능하다는 사실과 학교의 장이 자체 해결한 학교폭력 사안에 대해서는 특별한 사정(① 재산상의 피해 복구를 이행하지 않거나 ② 학교 폭력 사안의 조사과정에서 확인되지 않았던 사실이 추가적으로 확인된 경우)가 없다면 심의위원회 개최를 요청할 수 없다는 사실을 반드시 인지하여야 한다.

학교장 자체해결 동의서
(학교폭력대책심의위원회 개최 요구 의사 확인서)

* 사안번호: (   )학교   2024-(   )호

피해학생	소속학교	학년/반	학생성명	보호자성명

가해학생	소속학교	학년/반	학생성명	

사안 조사 내용	사안 내용을 사안조사 보고서를 참고하여 구체적으로 기록 (발생 일시, 사안 내용 등)

학교장 자체해결로 처리 시 **추후 위 사안에 대하여 학교폭력대책심의위원회 개최를 요청할 수 없음**을 알고 있습니다.   ☐

위 사안 조사 내용을 확인하였으며, 이 사안에 대해서 학교폭력대책심의위원회를 개최하지 않고 **학교장 자체해결에 동의합니다.**   ☐

2024년   월   일

피해학생: (인)
피해학생 보호자: (인)

ㅇㅇ학교장 귀중

2) 학교폭력전담기구의 서면 확인 및 심의

학교폭력전담기구의 '경미한 학교폭력'에 해당함에 대한 확인 서면(학교폭력전담기구 심의결과 보고서)이 필요하다. 해당 사건이 '경미한 학교폭력'에 해당하는지를 객관적으로 확인하여야 하기 때문이다.

'경미한 학교폭력'에 해당하는지 여부에 관하여, 구체적으로 문제가 될 수 있는 사안은 아래와 같다.

학교폭력 전담기구 심의일 이전에 피해학생측에서 진단서를 제출하지 않은 경우에는 자체해결 요건이 충족된 것으로 보며, 이미 피해학생 측에서 진단서를 제출한 이후에는 의사를 번복하여 진단서를 회수하여도 자체해결 요건을 충족하지 못하게 된다.

재산상 피해 복구 여부는 전담기구 심의일 이전에 재산상 피해가 복구되거나 가해 관련학생 보호자가 피해 관련학생 보호자에게 재산상 피해를 복구해 줄 것을 확인해 주고 피해 관련학생 보호자가 이를 인정한 경우에 인정되나, 학교폭력전담기구의 심의 이후 학교폭력대책심의위원회 개최 이전에도 재산상 피해가 복구되거나 복구 약속이 있어서 피해 관련학생 보호자가 인정한 경우에는 자체해결 요건을 충족한 것으로 볼 수 있다. 여기서 말하는 재산상 피해란 피해 학생의 신체적·정신적 피해의 치료비용을 모두 포함하는 것이다.

학교폭력의 지속성에 대해서는. 학교폭력전담기구에서 '학교 폭력의 지속 기간과 횟수', '상습 학교폭력 여부', '간헐적 폭행이라도 그 기간 내에 피해 학생이 지속적인 심리적 압박과 두려움을 느꼈는지' 등의 보편적 기준을 통하여 판단한다.

학교폭력에 대한 신고, 진술, 자료제공 등에 대한 정보통신망(문자메세지, SNS 등)을 이용한 보복행위의 경우에는 자체해결 요건을 충족할 수 없고, 가해 관련 학생이 조치 받은 사안 또는 조사 과정 중에 있는 다른 사건과 관련하여 신고, 진술, 증언, 자료 제공 등을 한 학생에게 학교폭력을 행사하였다면 이러한 행위는 '보복행위'로 학교장의 자체해결이 불가능하다.

한편, 학교폭력전담기구에서는 피해 학생 및 그 보호자의 학교장 자체해결 동의서가 제출되었는지 여부를 확인하여야 하며, 만일 피해학생이 1명이고 가해학생이 여러 명이라면, 피해학생 측에서 가해학생 모두에 대해서 동의서가 제출되었는지 확인하여야 한다. 단 피해학생이 여러 명이고 가해학생이 1명인 경우에는 피해학생 별로 학교장 자체해결 부의 여부를 판단하게 된다.

학교폭력 전담기구 심의결과 보고서

* 사안번호: (   )학교   2024-( )호

1. 일 시: 년   월   일(요일) 시 분
2. 장 소:
3. 참석자

　　　　OOOOO　　OOO　OOO
　　　　OOOOO　　OOO　OOO

4. 심의 주제: 사안번호 2024-00호 (   )에 대한 학교장 자체해결 부의 여부 심의

5. 심의 내용
*사안 조사 내용

- •
- •
- •
- •

*필수 확인 사항
 - 법률 제13조의 2 제1사항 제1호-제4호 판단하여 해당 여부 체크

학교장 자체해결 가능 요건	해당 여부 (O, X)
1. 2주 이상의 신체적 정신적 치료를 요하는 진단서를 발급받지 않은 경우	
2. 재산상 피해가 없는 경우 또는 재산상 피해가 즉각 복구되거나 복구 약속이 있는 경우	
3. 학교폭력이 지속적이지 않은 경우	
4. 학교폭력에 대한 신고, 진술, 자료제공 등에 대한 보복행위(정보통신망을 이용한 행위를 포함한다)가 아닌 경우	

 - 학교장 자체해결 동의서 제출 여부 체크

피해학생 및 그 보호자의 학교폭력대책심의위원회 개최 요구 의사 확인 (학교장 자체해결 동의서 제출 여부)	(O, X)

6. 결정 사항

- •
- •

3) 학교장 자체해결 결재 및 교육청 보고

학교장은 '전담기구의 학교폭력 사안조사 보고서', '전담기구 심의결과 보고서' 및 학교장 자체해결 동의서를 첨부하여 교육청에 '자체해결 결과보고서'를 작성하여 보고한다.

이때 필요시, 학교장의 가해학생을 대상으로 상담, 캠페인 활동 등 다양한 별도 교육 프로그램을 운영할 수 있으며, 관련 학생 간 관계개선 의지와 동의 여부에 따라 관계회복 프로그램을 운영할 수 있다.

가해학생과 피해학생의 소속 학교가 다른 경우, 학교장 자체해결 여부는 피해학생 소속 학교의 전담기구에서 심의 후 피해학생 소속 학교장이 결정하며, 가해학생 소속 학교에서는 피해학생 소속 학교의 결정에 따라 전담기구에서 이를 심의한다.

학교장 자체해결 결과 보고서

* 사안번호: (   )학교   2024-(   )호

피해학생	소속학교	학년/반	학생성명	보호자성명
가해학생	소속학교	학년/반	학생성명	보호자성명
사안 조사 내용	사안 내용을 사안조사 보고서를 참고하여 구체적으로 기록 (발생 일시, 사안 내용 등)			
학교장 자체해결 결과	학교폭력 전담기구 심의결과 및 피해학생과 가해학생 사이에 합의된 결과를 기록(예: 객관적 요건(4가지) 충족 여부, 피해학생 및 그 보호자의 동의 여부, 양자 간에 화해, 가해학생의 사과와 피해학생의 용서, 관계회복 프로그램 적용 등의 내용)			

학교장 자체해결 결과를 보고합니다.

2024년   월   일

○○학교장

4. 관계 회복 프로그램

가. 관계 법령

학교폭력예방법 제13조의2(학교의 장의 자체해결)

③ 학교의 장은 제1항에 따른 경미한 학교폭력에 대하여 피해학생 및 그 보호자가 심의위원회의 개최를 원하는 경우 피해학생과 가해학생 사이의 관계회복을 위한 프로그램(이하 "관계회복 프로그램"이라 한다)을 권유할 수 있다.

④ 국가 및 지방자치단체는 관계회복 프로그램의 개발·보급 및 운영을 위하여 필요한 경우 행정적·재정적 지원을 할 수 있다.

학교폭력예방법 시행령 제14조의3(학교의 장의 자체해결)

학교의 장은 법 제13조의2제1항에 따라 학교폭력사건을 자체적으로 해결하는 경우 피해학생과 가해학생 간에 학교폭력이 다시 발생하지 않도록 노력해야 하며, 필요한 경우에는 피해학생·가해학생 및 그 보호자 간의 관계 회복을 위한 프로그램을 운영할 수 있다.

학교의 장이 자체적으로 해결하는 경우 또는 경미한 학교폭력이나 피해학생 및 그 보호자가 심의위원회 개최를 원하여 학교장의 자체해결이 불가능한 경우에도, 학교의 장은 관계회복 프로그램을 운영·권유할 수 있다.

나. 의의

관계 회복이란 두 명 이상의 관련 대상자들이 발생 상황에 대하여 이해, 소통, 대화 등을 통해 원래 상태 또는 일상생활로 돌아갈 수 있도록 함께 노력하는 것을 말하고, 이는 관련 당사자 사이에 발생한 사안을 중심으로 개입하여 양측 관계를 회복시키는 것을 목적으로 하는 것이다.

다. 운영 대상 및 방법

양측 학생이 학교 및 일상생활과 또래와의 관계에 잘 적응할 수 있도록 돕도록 하는 것이 목적인 만큼, 관계회복 프로그램은 양측 학생이 동의할 경우 진행할 수 있으며, 한 명이 중단하고 싶으면 중단될 수 있다.

이러한 관계회복프로그램은 운영 주체와 방법이 정형화되어 있는 것이 아니라, 관계 회복을 위한 절차를 포괄적으로 의미하는 것으로, 다양한 운영 방법이 있을 수 있다.

예컨대, 학교 내부에서 교사들이 양측 학생의 직접대면 및 소통을 가지게 하여 '회복적 대화 모임'을 주도하는 방법에 의할 수도 있고, 푸른나무재단, 한국회복적정의협회 등의 외부 기관에 관계 회복을 위한 프로그램의 진행을 위탁하는 방법이 있을 수 있다.

즉, 관계회복 프로그램은 화해를 종용하기 위한 절차가 아니라 소통을 일차적 목적으로 하며, 관계회복 프로그램에 참여한다고 하여 학교장 자체해결에 동의하는 것이 아니고, 관계회복 프로그램은 사안처리를 대신할 수 없으며, 관계회복 프로그램의 참여 여부와 상관없이 학교폭력대책심의위원회의 진행이

이루어 질 수 있고, 관계회복 프로그램의 진행은 사안 처리를 갈음하거나 심의
위원회의 조치 결과 대신 진행하여 조치를 변경 또는 경감 하는 등의 조건부로
진행할 수 없다.

5. 심의위원회 또는 교육감의 분쟁 조정

가. 관련 법령

학교폭력예방법 제18조(분쟁조정)

① 심의위원회는 학교폭력과 관련하여 분쟁이 있는 경우에는 그 분쟁을 조정할 수 있다.

② 제1항에 따른 분쟁의 조정기간은 1개월을 넘지 못한다.

③ 학교폭력과 관련한 분쟁조정에는 다음 각 호의 사항을 포함한다.

    1. 피해학생과 가해학생간 또는 그 보호자 간의 손해배상에 관련된 합의 조정

    2. 그 밖에 심의위원회가 필요하다고 인정하는 사항

④ 심의위원회는 분쟁조정을 위하여 필요하다고 인정하는 때에는 관계 기관의 협조를 얻어 학교폭력과 관련한 사항을 조사할 수 있다.

⑤ 심의위원회가 분쟁조정을 하고자 할 때에는 이를 피해학생·가해학생 및 그 보호자에게 통보하여야 한다.

⑥ 시·도교육청 관할 구역 안의 소속 교육지원청이 다른 학생 간에 분쟁이 있는 경우에는 교육감이 직접 분쟁을 조정한다. 이 경우 제2항부터 제5항까지의 규정을 준용한다.

⑦ 관할 구역을 달리하는 시·도교육청 소속 학교의 학생 간에 분쟁이 있는 경우에는 피해학생을 감독하는 교육감이 가해학생을 감독하는 교육감과의 협의를 거쳐 직접 분쟁을 조정한다. 이 경우 제2항부터 제5항까지의 규정을 준용한다.

학교폭력예방법 시행령 제25조(분쟁조정의 신청)

피해학생, 가해학생 또는 그 보호자(이하 "분쟁당사자"라 한다) 중 어느 한 쪽은 법 제18조에 따라 해당 분쟁사건에 대한 조정권한이 있는 심의위원회 또는 교육 감에게 다음 각 호의 사항을 적은 문서로 분쟁조정을 신청할 수 있다.

1. 분쟁조정 신청인의 성명 및 주소
2. 보호자의 성명 및 주소
3. 분쟁조정 신청의 사유

학교폭력예방법 시행령 제27조(분쟁조정의 개시)

① 심의위원회 또는 교육감은 제25조에 따라 분쟁조정의 신청을 받으면 그 신청을 받은 날부터 5일 이내에 분쟁조정을 시작해야 한다.

② 심의위원회 또는 교육감은 분쟁당사자에게 분쟁조정의 일시 및 장소를 통보해야 한다.

③ 제2항에 따라 통지를 받은 분쟁당사자 중 어느 한 쪽이 불가피한 사유로 출석할 수 없는 경우에는 심의위원회 또는 교육감에게 분쟁조정의 연기를 요청할 수 있다. 이 경우 심의위원회 또는 교육감은 분쟁조정의 기일을 다시 정해야 한다.

④ 심의위원회 또는 교육감은 심의위원회 위원 또는 지역위원회 위원 중에서 분쟁조정 담당자를 지정하거나, 외부 전문기관에 분쟁과 관련한 사항에 대한 자문 등을 할 수 있다.

학교폭력 예방법 시행령 제28조(분쟁조정의 거부·중지 및 종료)

① 심의위원회 또는 교육감은 다음 각 호의 어느 하나에 해당하는 사유가 발생한 경우에는 분쟁조정의 개시를 거부하거나 분쟁조정을 중지할 수 있다.

  1. 분쟁당사자 중 어느 한 쪽이 분쟁조정을 거부한 경우
  2. 피해학생 등이 관련된 학교폭력에 대하여 가해학생을 고소·고발하거나 민사상 소송을 제기한 경우
  3. 분쟁조정의 신청내용이 거짓임이 명백하거나 정당한 이유가 없다고 인정되는 경우

② 심의위원회 또는 교육감은 다음 각 호의 어느 하나에 해당하는 사유가 발생한 경우에는 분쟁조정을 끝내야 한다.

  1. 분쟁당사자 간에 합의가 이루어지거나 심의위원회 또는 교육감이 제시한 조정안을 분쟁당사자가 수락하는 등 분쟁조정이 성립한 경우
  2. 분쟁조정 개시일부터 1개월이 지나도록 분쟁조정이 성립하지 아니한 경우

③ 심의위원회 또는 교육감은 제1항에 따라 분쟁조정의 개시를 거부하거나 분쟁조정을 중지한 경우 또는 제2항제2호에 따라 분쟁조정을 끝낸 경우에는 그 사유를 분쟁당사자에게 각각 통보해야 한다.

제29조(분쟁조정의 결과 처리) ① 심의위원회 또는 교육감은 분쟁조정이 성립하면 다음 각 호의 사항을 적은 합의서를 작성하여 분쟁당사자와

피해학생 및 가해학생이 소속된 학교의 장에게 각각 통보해야 한다.

1. 분쟁당사자의 주소와 성명

2. 조정 대상 분쟁의 내용

가. 분쟁의 경위
나. 조정의 쟁점(분쟁당사자의 의견을 포함한다)

3. 조정의 결과

② 제1항에 따른 합의서에는 심의위원회가 조정한 경우에는 분쟁당사자와 조정에 참가한 위원이, 교육감이 조정한 경우에는 분쟁당사자와 교육감이 각각 서명날인해야 한다.

③ 심의위원회의 위원장은 분쟁조정의 결과를 교육감에게 보고해야 한다.

나. 의의

분쟁조정이란 피해 및 가해학생 간 또는 그 보호자 간의 손해배상에 관련된 합의조정 및 그 밖에 심의위원회가 필요하다고 인정하는 사항에 대한 심의위원회 또는 교육감의 조정을 말한다.

가해학생에 대하여 학교폭력예방법 제17조 제1항에 따른 '피해학생에 대한 서면사과(1호)', '피해학생 및 신고·고발 학생에 대한 접촉, 협박 및 보복행위의 금지(제2호)', '학교에서의 봉사(제3호),' '사회봉사(제4호)', '학내외 전문가에 의한 특별 교육이수 또는 심리치료(제5호)', '출석정지(제6호)', '학급교체(제7호)', '전학(제8호)', '퇴학처분(제9호)' 외에, '손해배상' 또는 '그 밖의 심의위원회의 조치만으로 해결이 불가능한 갈등이 있는 경우'와 관련한 분쟁 조정을 신청할 수 있는 제도이다.

즉, 분쟁조정은 심의위원회 개최 또는 가해학생에 대한 조치와는 별개이지만, 가해학생 조치의 정도를 고려함에 있어 참작될 수 있다는 점에서 의미가 있는 절차이고, 이후 민사적인 손해배상에 대한 법적 분쟁을 조기에 해결할 수 있다.

다. 분쟁조정의 주체

학교폭력대책심의위원회또는 교육감은 분쟁당사자(피해학생 측 또는 가해학생 측)의 신청에 의하여 분쟁을 조정할 수 있으며, 심의위원회는 객관성, 공정성, 중립성을 보장할 수 있는 전문 기관(예컨대 '푸른나무재단 학교폭력 화해·분쟁조정 지원사업')에 협조를 얻어 진행할 수 있다.

라. 분쟁조정의 기한

심의위원회 또는 교육감은 분쟁조정의 신청을 받으면 5일 이내 분쟁조정을 시작해야 하고, 분쟁 조정 기간은 1개월을 넘지 못한다.

마. 분쟁조정의 관할권

피해 및 가해 학생이 같은 교육지원청 소속일 경우 '심의위원회'에서 분쟁을 조정하며, 관할 구역이 다른 교육지원청 소속일 경우 ① 동일한 시·도교육청 관할 구역인 경우 해당 시·도 교육감이, ② 관할구역이 다른 시·도교육청일 경우 각 지역의 교육감 간에 협의를 거쳐 분쟁을 조정하게 된다.

바. 분쟁조정의 거부·중지 및 통보

심의위원회 또는 교육감은 ① 분쟁당사자 중 어느 한쪽이 분쟁조정을 거부하는 경우이거나, ② 피해학생 등이 관련된 학교폭력에 대하여 가해학생을 고소·고발하거나 민사소송을 제기하는 경우이거나, ③ 분쟁조정의 신청내용이 거짓임이 명백하거나 정당한 이유가 없다고 인정되는 경우에는 분쟁조정의 개시를 거부하거나 분쟁조정을 중지할 수 있다.

이때, 분쟁조정을 거부하거나 중지하는 경우 그 사유를 분쟁당사자에게 서면으로 통보하여야 한다.

사. 분쟁조정에 의한 합의서 작성

심의위원회 또는 교육감은 분쟁조정이 성립된 때에는 분쟁당사자의 주소와 성명, 조정대상의 분쟁내용(분쟁의 경위, 조정의 쟁점), 조정 결과를 적은 합의서를 작성하여 분쟁당사자와 피해학생 및 가해학생이 소속된 학교의 장에게 각각 통보해야 하고, 합의서에는 심의위원회가 조정한 경우에는 분쟁당사자와 조정에 참가한 위원이, 교육감이 조정한 경우에는 분쟁당사자와 교육감이 서명날인 하여야 한다.

아. 분쟁조정의 종료 및 결과 보고

분쟁당사자간에 합의가 이루어지거나 심의위원회 또는 교육감이 제시한 조정안을 분쟁당사자가 수락하는 등 분쟁조정이 성립한 경우 또는 분쟁조정 개시

일로부터 1개월을 경과하도록 분쟁조정이 성립하지 아니하는 경우에는 분쟁조정을 종료하여야 한다.

심의위원회 또는 교육감은 분쟁조정을 종료한 경우 그 사유를 분쟁당사자에게 각각 통보하여야 하며, 심의위원회 위원장은 분쟁조정의 결과를 교육감에게 보고하여야 한다.

6. 심의위원회의 조치

가. 심의위원회의 구성 및 운영

1) 관련 법령

학교폭력예방법 제12조(학교폭력대책심의위원회의 설치·기능)

① 학교폭력의 예방 및 대책에 관련된 사항을 심의하기 위하여 「지방교육자치에 관한 법률」 제34조 및 「제주특별자치도 설치 및 국제자유도시 조성을 위한 특별법」 제80조에 따른 교육지원청(교육지원청이 없는 경우 해당 시·도 조례로 정하는 기관으로 한다. 이하 같다)에 학교폭력대책심의위원회(이하 "심의위원회"라 한다)를 둔다. 다만, 심의위원회 구성에 있어 대통령령으로 정하는 사유가 있는 경우에는 교육감 보고를 거쳐 둘 이상의 교육지원청이 공동으로 심의위원회를 구성할 수 있다.

② 심의위원회는 학교폭력의 예방 및 대책 등을 위하여 다음 각 호의 사항을 심의한다.

1. 학교폭력의 예방 및 대책
2. 피해학생의 보호
3. 가해학생에 대한 교육, 선도 및 징계
4. 피해학생과 가해학생 간의 분쟁조정
5. 그 밖에 대통령령으로 정하는 사항

③ 심의위원회는 해당 지역에서 발생한 학교폭력에 대하여 조사할 수 있고 학교장 및 관할 경찰서장에게 관련 자료를 요청할 수 있다.

④ 심의위원회의 설치·기능 등에 필요한 사항은 지역 및 교육지원청의 규모 등을 고려하여 대통령령으로 정한다.

학교폭력예방법 제13조(심의위원회의 구성·운영)

① 심의위원회는 10명 이상 50명 이내의 위원으로 구성하되, 전체위원의 3분의 1 이상을 해당 교육지원청 관할 구역 내 학교(고등학교를 포함한다)에 소속된 학생의 학부모로 위촉하여야 한다.

② 심의위원회의 위원장은 다음 각 호의 어느 하나에 해당하는 경우에 회의를 소집하여야 한다.

　　1. 심의위원회 재적위원 4분의 1 이상이 요청하는 경우
　　2. 학교의 장이 요청하는 경우
　　3. 피해학생 또는 그 보호자가 요청하는 경우
　　4. 학교폭력이 발생한 사실을 신고받거나 보고받은 경우
　　5. 가해학생이 협박 또는 보복한 사실을 신고받거나 보고받은 경우
　　6. 그 밖에 위원장이 필요하다고 인정하는 경우

③ 심의위원회는 회의의 일시, 장소, 출석위원, 토의내용 및 의결사항 등이 기록된 회의록을 작성·보존하여야 한다.

④ 제2항에 따라 회의가 소집되는 경우 교육장(교육지원청이 없는 경우 해당 시·도 조례로 정하는 기관의 장)은 가해학생·피해학생 및 그 보호자에게 다음 각 호의 사항을 통지하여야 한다.

　　1. 회의 일시·장소와 안건
　　2. 조치 요청사항 등 회의 결과

⑤ 심의위원회는 심의 과정에서 소아청소년과 의사, 정신건강의학과 의사, 심리학자, 그 밖의 아동심리와 관련된 전문가를 출석하게 하거나 서면 등의 방법으로 의견을 청취할 수 있고, 피해학생이 상담·치료 등을 받은 경우 해당 전

문가 또는 전문의 등으로부터 의견을 청취할 수 있다. 다만, 심의위원회는 피해학생 또는 그 보호자의 의사를 확인하여 피해학생 또는 그 보호자의 요청이 있는 경우에는 반드시 의견을 청취하여야 한다.

⑥ 그 밖에 심의위원회의 구성·운영에 필요한 사항은 대통령령으로 정한다.

학교폭력예방법 제21조(비밀누설금지 등)

① 이 법에 따라 학교폭력의 예방 및 대책과 관련된 업무를 수행하거나 수행하였던 사람은 그 직무로 인하여 알게 된 비밀 또는 가해학생·피해학생 및 제20조에 따른 신고자·고발자와 관련된 자료를 누설하여서는 아니 된다.

② 제1항에 따른 비밀의 구체적인 범위는 대통령령으로 정한다.

③ 제16조, 제16조의2, 제17조, 제17조의2, 제18조에 따른 심의위원회의 회의는 공개하지 아니한다. 다만, 피해학생·가해학생 또는 그 보호자가 회의록의 열람·복사 등 회의록 공개를 신청한 때에는 학생과 그 가족의 성명, 주민등록번호 및 주소, 위원의 성명 등 개인정보에 관한 사항을 제외하고 공개하여야 한다.

학교폭력예방법 시행령 제14조(심의위원회의 구성·운영)

① 심의위원회의 위원은 다음 각 호의 어느 하나에 해당하는 사람 중에서 해당 교육장이 임명하거나 위촉한다. 이 경우 제5호의2에 해당하는 사람은 반드시 포함해야 한다.

1. 해당 교육지원청의 생활지도 업무 담당 국장 또는 과장(법 제12조제1항에 따라 조례로 정하는 기관의 경우 해당 기관 소속의 공무원 또는 직원으로 한다)

1의2. 해당 교육지원청의 관할 구역을 관할하는 시·군·구의 청소년보호 업무 담당 국장 또는 과장

2. 교원으로 재직하고 있거나 재직했던 사람으로서 학교폭력 업무 또는 학생생활지도 업무 담당 경력이 2년 이상인 사람

2의2. 「교육공무원법」 제2조제2항에 따른 교육전문직원으로 재직하고 있거나 재직했던 사람

3. 법 제13조제1항에 따른 학부모

4. 판사·검사·변호사

5. 해당 교육지원청의 관할 구역을 관할하는 경찰서 소속 경찰공무원

5의2. 법 제20조의6제1항에 따라 학교폭력 예방 및 근절을 위해 학교폭력 업무 등을 전담하는 경찰관(이하 "학교전담경찰관"이라 한다)

6. 의사 자격이 있는 사람

6의2. 「고등교육법」 제2조에 따른 학교의 조교수 이상 또는 청소년 관련 연구기관에서 이에 상당하는 직위에 재직하고 있거나 재직했던 사람으로서 학교폭력 문제에 대하여 전문지식이 있는 사람

6의3. 청소년 선도 및 보호 단체에서 청소년보호활동을 2년 이상 전문적으로 담당한 사람

7. 그 밖에 학교폭력 예방 및 청소년보호에 대한 지식과 경험이 풍부한 사람

② 심의위원회의 위원장은 위원 중에서 교육장이 임명하거나 위촉하는 사람이 되며, 위원장이 부득이한 사유로 직무를 수행할 수 없을 때에는 위원장이 미리 지정하는 위원이 그 직무를 대행한다.

③ 심의위원회의 위원의 임기는 2년으로 한다. 다만, 심의위원회 위원의 사임 등으로 새로 위촉되는 위원의 임기는 전임위원 임기의 남은 기간으로 한다.

④ 교육장은 제1항제2호, 제2호의2, 제3호부터 제5호까지, 제5호의2, 제6호, 제6호의2, 제6호의3 및 제7호에 따른 심의위원회의 위원이 제3조의2 각 호의 어느 하나에 해당하는 경우에는 해당 위원을 해임하거나 해촉할 수 있다.

⑤ 심의위원회의 회의는 재적위원 과반수의 출석으로 개의하고, 출석위원 과반수의 찬성으로 의결한다.

⑥ 심의위원회의 위원장은 해당 교육지원청 소속 공무원(법 제12조제1항에 따라 조례로 정하는 기관의 경우 직원을 포함한다) 중에서 심의위원회의 사무를 처리할 간사 1명을 지명한다.

⑦ 심의위원회의 회의에 출석한 위원에게는 예산의 범위에서 수당과 여비를 지급할 수 있다. 다만, 공무원인 위원이 그 소관 업무와 직접적으로 관련하여 회의에 출석한 경우에는 그렇지 않다.

⑧ 심의위원회는 필요하다고 인정할 때에는 학교폭력이 발생한 해당 학교 소속 교원이나 학교폭력 예방 및 대책과 관련된 분야의 전문가 등을 출석하게 하거나 서면 등의 방법으로 의견을 들을 수 있다.

⑨ 제1항부터 제8항까지에서 규정한 사항 외에 심의위원회의 운영 등에 필요한 사항은 교육장이 정한다.

학교폭력예방법 시행령 제14조의2(소위원회)

① 심의위원회의 업무를 효율적으로 수행하기 위하여 필요하면 심의위원회에 소위원회를 둘 수 있다.

② 제1항에 따른 소위원회(이하 "소위원회"라 한다)의 위원은 심의위원회의 위원으로 구성한다.

③ 심의위원회는 필요한 경우에는 그 심의 사항을 소위원회에 위임할 수 있으며, 이 경우 소위원회에서 심의·의결된 사항은 심의위원회에서 심의·의결된 것으로 본다.

④ 소위원회는 심의가 끝나면 그 결과를 심의위원회에 보고해야 한다.

⑤ 제1항부터 제4항까지에서 규정한 사항 외에 소위원회의 설치·운영에 필요한 사항은 교육장이 정한다.

2) 심의위원회의 심의 사항, 권한 및 구성

학교폭력대책심의위원회란 학교폭력의 예방 및 대책에 관련된 사항을 심의하기 위한 교육지원청 내의 법정위원회로서, 구체적으로 ① 학교폭력의 예방 및 대책, ② 피해학생의 보호, ③ 가해학생에 대한 교육, 선도 및 징계, ④ 피해학생과 가해학생 간의 분쟁조정, ⑤ 그 밖에 학교폭력 예방 및 대책과 관련하여 학교의 장이 건의하는 사항에 대해서 심의하고, 해당 지역에서 발생한 학교폭력에 대한 조사 권한, 자료 제출 요구 및 의견 진술에 대한 요청에 대한 각종 권한을 가지는 기관이다.

심의위원회는 위원장 1인을 포함하여 10명 이상 50명 이내의 위원으로 구성하되, 법률에 따라 전체위원의 3분의1 이상을 해당 교육지원청 관할 구역 내 학교(고등학교 포함)에 소속된 학부모로 위촉하여야 하며, 심의(소)위원회의 전문성·공정성 강화를 위하여 학부모 위원을 35% 이내로 제한한다.

다만, 심의(소)위원회 규모에 따라 불가피한 경우 35% 이내 제한은 적용하지 않을 수 있으나, 학교전담경찰관(SPO)를 반드시 심의(소)위원회 위원으로 위촉하여야 한다.

3) 심의위원회의 운영

심의위원회의 회의는 재적위원 과반수의 출석으로 개의하고, 출석위원 과반수의 찬성으로 의결하며, 심의위원회는 회의의 일시, 장소, 출석위원, 토의내용 및 의결사항 등이 기록된 회의록을 작성하여야 한다.

심의위원회의 회의는 공개하지 않으나, 피해 및 가해학생 또는 보호자가 회의록의 열람·복사 등 회의록개를 신청한 때에는 학생과 그 가족의 성명, 주민등록번호 및 주소, 위원의 성명 등 개인정보에 관한 사항을 제외하고 공개하여야 한다(학교폭력예방법 제21조 제3항).

4) 심의 기간

심의위원회는 학교의 요청이 있는 경우, 21일 이내에 개최하는 것을 원칙으로 하되 상황에 따라 7일 이내에서 연장이 가능하다. 이때 학교의 요청이 있는 경우라 함은 공문으로 심의위원회 개최요청서가 심의위원회에 접수된 시점을 기준으로 하고, 시험 등 학사일정, 사안조사 과정에서 새로운 증거 발견, 관련 학생 및 보호자 의견진술 기회 부여를 위한 기간 등 뚜렷한 이유가 있는 경우에 한해 연기가 가능하다.

한편, 경찰 수사가 진행 중인 사건이나 성폭력 사건 등과 같이 사실관계 확정이 어려운 사안의 경우, 기한 내에 심의위원회를 개최한 후, 경찰의 수사 결과가 나올 때까지 심의위원회 조치 결정을 유보하는 의결도 가능하다.

나. 피해학생에 대한 조치

1) 관련 법령

학교폭력예방법 제16조(피해학생의 보호)

① 심의위원회는 피해학생의 보호를 위하여 필요하다고 인정하는 때에는 피해학생에 대하여 다음 각 호의 어느 하나에 해당하는 조치(수 개의 조치를 동시에 부과하는 경우를 포함한다)를 할 것을 교육장(교육장이 없는 경우 제12조

제1항에 따라 조례로 정한 기관의 장으로 한다. 이하 같다)에게 요청할 수 있다. 다만, 학교의 장은 학교폭력사건을 인지한 경우 피해학생의 반대의사 등 대통령령으로 정하는 특별한 사정이 없으면 지체 없이 가해자(교사를 포함한다)와 피해학생을 분리하여야 하며, 피해학생이 긴급보호를 요청하는 경우에는 제1호부터 제3호까지 및 제6호의 조치를 할 수 있다. 이 경우 학교의 장은 심의위원회에 즉시 보고하여야 한다.

  1. 학내외 전문가에 의한 심리상담 및 조언

  2. 일시보호

  3. 치료 및 치료를 위한 요양

  4. 학급교체

  5. 삭제

  6. 그 밖에 피해학생의 보호를 위하여 필요한 조치

② 심의위원회는 제1항에 따른 조치를 요청하기 전에 피해학생 및 그 보호자에게 의견진술의 기회를 부여하는 등 적정한 절차를 거쳐야 한다.

③ 제1항에 따른 요청이 있는 때에는 교육장은 피해학생의 보호자의 동의를 받아 7일 이내에 해당 조치를 하여야 한다.

④ 제1항의 조치 등 보호가 필요한 학생에 대하여 학교의 장이 인정하는 경우 그 조치에 필요한 결석을 출석일수에 포함하여 계산할 수 있다.

⑤ 학교의 장은 성적 등을 평가하는 경우 제3항에 따른 조치로 인하여 학생에게 불이익을 주지 아니하도록 노력하여야 한다.

⑥ 피해학생이 전문단체나 전문가로부터 제1항제1호부터 제3호까지의 규정에 따른 상담 등을 받는 데에 사용되는 비용은 가해학생의 보호자가 부담하여야 한다. 다만, 피해학생의 신속한 치료를 위하여 학교의 장 또는 피해학생의 보

호자가 원하는 경우에는 「학교안전사고 예방 및 보상에 관한 법률」제15조에 따른 학교안전공제회 또는 시·도교육청이 부담하고 이에 대한 상환청구권을 행사할 수 있다.

⑦ 학교의 장 또는 피해학생의 보호자는 필요한 경우 「학교안전사고 예방 및 보상에 관한 법률」 제34조의 공제급여를 학교안전공제회에 직접 청구할 수 있다.

⑧ 피해학생의 보호 및 제6항에 따른 지원범위, 상환청구범위, 지급절차 등에 필요한 사항은 대통령령으로 정한다.

학교폭력예방법 제16조의2(장애학생의 보호)

① 누구든지 장애 등을 이유로 장애학생에게 학교폭력을 행사하여서는 아니 된다.

② 심의위원회는 피해학생 또는 가해학생이 장애학생인 경우 심의과정에 「장애인 등에 대한 특수교육법」 제2조제4호에 따른 특수교육교원 등 특수교육 전문가 또는 장애인 전문가를 출석하게 하거나 서면 등의 방법으로 의견을 청취할 수 있다.

③ 심의위원회는 학교폭력으로 피해를 입은 장애학생의 보호를 위하여 장애인 전문 상담가의 상담 또는 장애인전문 치료기관의 요양 조치를 학교의 장에게 요청할 수 있다.

④ 제3항에 따른 요청이 있는 때에는 학교의 장은 해당 조치를 하여야 한다. 이 경우 제16조제6항을 준용한다.

학교폭력예방법 제16조의3(피해학생 지원 조력인)

① 교육감 또는 교육장은 피해학생 지원을 위하여 피해학생이 필요로 하는 법률, 상담, 보호 등을 위한 서비스 및 지원기관을 연계하는 조력인(이하 "피해학생 지원 조력인"이라 한다)을 지정할 수 있다.

② 교육감 또는 교육장은 피해학생 지원 조력인의 운영을 위한 행정적·재정적 지원을 하여야 한다.

③ 피해학생 지원 조력인의 지정 및 운영에 관한 사항은 대통령령으로 정한다.

학교폭력예방법 제16조의4(사이버폭력의 피해자 지원)

① 국가는 사이버폭력에 해당하는 촬영물, 음성물, 복제물, 편집물, 개인정보, 허위사실 등(이하 이 조에서 "촬영물등"이라 한다)이 정보통신망에 유포되어 피해(촬영물등의 대상자가 되어 입은 피해를 말한다)를 입은 학생에 대하여 촬영물등의 삭제를 위한 지원을 할 수 있다.

② 제1항에 따른 피해학생, 그 보호자 또는 피해학생이나 보호자가 지정하는 대리인은 국가에 촬영물등의 삭제를 위한 지원을 요청할 수 있다. 이 경우 피해학생이나 그 보호자가 지정하는 대리인은 대통령령으로 정하는 요건을 갖추어 삭제지원을 요청하여야 한다.

③ 제1항에 따른 촬영물등 삭제지원에 소요되는 비용은 사이버폭력의 가해학생 또는 그 보호자가 부담한다.

④ 국가가 제1항에 따라 촬영물등 삭제지원에 소요되는 비용을 지출한 경우 사

이버폭력의 가해학생 또는 그 보호자에게 상환청구권을 행사할 수 있다.

⑤ 제1항 및 제2항에 따른 촬영물등 삭제지원의 내용·방법, 제4항에 따른 상환청구권 행사의 절차·방법 등에 필요한 사항은 대통령령으로 정한다.

2) 피해학생 보호 조치

심의위원회는 피해학생의 보호를 위하여 필요하다고 인정하는 때에는 피해학생에 대하여 ① 학내외 전문가에 의한 심리상담 및 조언, ② 일시보호, ③ 치료 및 치료를 위한 요양, ④ 학급 교체, ⑤ 그 밖에 피해학생 보호를 위하여 필요한 조치를 교육장에게 요청할 수 있고, 하나의 조치 외에 다른 조치들을 병과하는 방법으로도 요청이 가능하다(학교폭력예방법 제16조 제1항 각호).

이러한 각 보호조치를 구체적으로 살펴보면 아래와 같다.

① 학내외 전문가에 의한 심리상담 및 조언은, 학교폭력으로 받은 정신적·심리적 충격으로부터 회복할 수 있도록 학교 내·외의 심리상담 전문가로부터 심리상담 및 조언을 받도록 하는 조치로, 학교 내 상담 교사가 없을 시 지역 내 외부 전문기관을 통하여 진행하게 된다.

② 일시보호는, 가해학생으로부터 지속적인 폭력이나 보복을 당할 우려가 있는 경우 일시적으로 보호시설이나 집 또는 학교상담실 등에서 보호를 받을 수 있도록 하는 조치이다.

③ 치료 및 치료를 위한 요양 조치는, 학교폭력으로 인하여 피해학생에게 생긴 신체적·정신적 상처의 치유를 위하여 의료기관 등에서 치료를 받도록 하는 조치이다.

위 ①, ②, ③의 조치에 드는 비용에 대해서는 가해학생의 보호자가 부담하여야 하며, 다만 피해학생의 신속한 치료를 위하여 학교의 장 또는 피해학생의 보호자가 원하는 경우에는 학교안정공제회 또는 시·도교육청이 부담하고 이에 대한 상황청구권을 행사할 수 있다.

구분	인정가능기간
① 학내외 전문가에 의한 심리상담 및 조언 비용	2년 *보상심사위원회 심의로 1년 범위 연장가능
② 일시 보호 비용	30일
③ 치료 및 치료를 위한 요양 비용	2년 *보상심사위원회 심의로 1년 범위 연장 가능

④ 학급 교체는, 피해학생을 지속적인 학교폭력 상황에서 벗어나도록 하기 위하여 피해학생을 동일 학교 내의 다른 학급으로 옮겨주는 조치이나, 피해학생 입장에서는 새로운 학급에 적응해야 하는 부담이 있으므로 피해학생 및 보호자의 의견을 적극 반영하여 이루어지는 조치이다.

학교폭력예방법상으로는 피해학생에게 '학급 교체'만을 규정하고 있으나, 초·중등교육법령에 의하면, 학교의 장이 피해학생에게 '전학'이 필요하다고 인정하는 경우에는 다른 학교로 전학을 추천할 수도 있다.

⑤ 그 밖에 피해학생의 보호를 위하여 필요한 조치로는, 학교 폭력 피해 유형 및 연령 특성 등을 감안하여 성폭력 사건의 경우 해바라기센터 지정 병원 등 의료기관과 연계를 한다든지, 대한법률구조공단과 같은 법률 구조기관 및 학교 폭력 관련기관 등에 필요한 협조와 지원을 요청하는 조치가 있을 수 있다.

한편, 위 보호조치들이 이루어지기 전에 피해학생이 학교폭력으로 인한 피해로 출석하지 못했을 경우 또는 위 보호조치로 인하여 필요한 결석은 모두 출석으로 처리되고, 보호조치로 인하여 부득이 성적평가를 위한 시험에 응시하지 못하게 된 경우에도 학교학업성적관리규정에 의거하여 불이익을 입지 아니한다. 또한 교육감 또는 교육장은 피해학생이 필요로 하는 경우 법률 상담, 보호 등을 위한 서비스 및 지원기관을 연계하는 조력인을 지정할 수 있고, 이러한 조력인의 운영을 위하여 행정적·재정적 지원을 하여야 한다.

특히, 최근에는 소위 '사이버 학교폭력'이라고 하여, 정보통신망을 이용한 온라인 상에 촬영물, 음성물, 복제물, 편집물, 개인정보, 허위사실 유포 등으로 학교폭력의 발현 형태가 급증하고 있는바, 이를 반영하여 학교폭력예방법은 2023년 10월 24일에 사이버폭력 피해학생을 보호하기 위한 촬영물 등의 삭제를 지원할 수 있는 조항을 신설하였다.

다. 가해학생에 대한 조치

1) 관련 법령

학교폭력예방법 제17조(가해학생에 대한 조치)

① 심의위원회는 피해학생의 보호와 가해학생의 선도·교육을 위하여 가해학생에 대하여 다음 각 호의 어느 하나에 해당하는 조치(수 개의 조치를 동시에 부과하는 경우를 포함한다)를 할 것을 교육장에게 요청하여야 하며, 각 조치별 적용 기준은 대통령령으로 정한다. 다만, 퇴학처분은 의무교육과정에 있는 가해학생에 대하여는 적용하지 아니한다.

  1. 피해학생에 대한 서면사과
  2. 피해학생 및 신고·고발 학생에 대한 접촉, 협박 및 보복행위(정보통신망을 이용한 행위를 포함한다)의 금지
  3. 학교에서의 봉사
  4. 사회봉사
  5. 학내외 전문가, 교육감이 정한 기관에 의한 특별 교육이수 또는 심리치료
  6. 출석정지
  7. 학급교체
  8. 전학
  9. 퇴학처분

② 제1항에 따라 심의위원회가 교육장에게 가해학생에 대한 조치를 요청할 때 그 이유가 피해학생이나 신고·고발 학생에 대한 협박 또는 보복행위(정보통

신망을 이용한 행위를 포함한다)일 경우에는 같은 항 제6호부터 제9호까지의 조치를 동시에 부과하거나 조치 내용을 가중할 수 있다.

③ 제1항제2호부터 제4호까지 및 제6호부터 제8호까지의 처분을 받은 가해학생은 교육감이 정한 기관(대안교육기관을 포함한다)에서 특별교육을 이수하거나 심리치료를 받아야 하며, 그 기간은 심의위원회에서 정한다.

④ 학교의 장은 학교폭력을 인지한 경우 지체 없이 제1항제2호의 조치를 하여야 한다.

⑤ 학교의 장은 피해학생의 보호와 가해학생의 선도·교육이 긴급하다고 인정할 경우 우선 제1항제1호, 제3호, 제5호부터 제7호까지의 조치를 각각 또는 동시에 부과할 수 있다. 이 경우 심의위원회에 즉시 보고하여 추인을 받아야 한다.

⑥ 학교의 장은 피해학생 및 그 보호자가 요청할 경우 전담기구 심의를 거쳐 제1항제6호 또는 제7호의 조치를 할 수 있다. 이 경우 심의위원회에 즉시 보고하여 추인을 받아야 한다.

⑦ 제5항 및 제6항에 따라 학교의 장이 부과하는 제1항제6호 조치의 기간은 심의위원회 조치결정시까지로 정할 수 있다.

⑧ 심의위원회는 제1항 또는 제2항에 따른 조치를 요청하기 전에 가해학생 및 보호자에게 의견진술의 기회를 부여하는 등 적정한 절차를 거쳐야 한다.

⑨ 제1항에 따른 요청이 있는 때에는 교육장은 14일 이내에 해당 조치를 하여야 한다.

⑩ 학교의 장이 제4항부터 제6항까지에 따른 조치를 한 때에는 가해학생과 그 보호자에게 이를 통지하여야 하며, 가해학생이 이를 거부하거나 회피하는 때에는 학교의 장은 「초·중등교육법」 제18조에 따라 징계하여야 한다.

⑪ 제1항제2호의 처분을 받은 가해학생의 보호자는 가해학생이 해당 조치를 적절히 이행할 수 있도록 노력하여야 한다.

⑫ 가해학생이 제1항제3호부터 제5호까지의 규정에 따른 조치를 받은 경우 이와 관련된 결석은 학교의 장이 인정하는 때에는 이를 출석일수에 포함하여 계산할 수 있다.

⑬ 심의위원회는 가해학생이 특별교육을 이수할 경우 해당 학생의 보호자도 함께 교육을 받게 하여야 하며, 피해학생이 장애학생일 경우 장애인식개선 교육내용을 포함하여야 한다.

⑭ 가해학생이 다른 학교로 전학을 간 이후에는 전학 전의 피해학생 소속 학교로 다시 전학올 수 없도록 하여야 한다.

⑮ 제1항제2호부터 제9호까지의 처분을 받은 학생이 해당 조치를 거부하거나 기피하는 경우 심의위원회는 제7항에도 불구하고 대통령령으로 정하는 바에 따라 추가로 다른 조치를 할 것을 교육장에게 요청할 수 있다.

⑯ 피해학생 및 그 보호자는 제9항, 제10항 및 제15항에 따른 조치 또는 징계가 지연되거나 이행되지 아니할 경우 교육감에게 신고할 수 있으며, 신고하는 경우 교육감은 지체 없이 사실 여부를 확인하기 위하여 대통령령으로 정하는 바에 따라 교육장 또는 학교의 장을 조사하여야 한다.

⑰ 가해학생에 대한 조치 및 제11조제6항에 따른 재입학 등에 관하여 필요한 사항은 대통령령으로 정한다.

학교폭력예방법 제17조에 따라 심의위원회의 조치 내용은 법률상 명시되어 있고, 그 종류는 ① 서면사과, ② 접촉, 협박, 보복행위 금지, ③ 학교 봉사, ④ 사회봉사, ⑤ 교육이수 및 심리치료, ⑥ 일정기간 출석정지, ⑦ 학급 교체, ⑧ 전학, ⑨ 퇴학처분이다.

단, 초·중학교는 의무 교육과정으로 위 교육과정에 있는 가해학생에 대해서는 퇴학 처분은 불가능하다.

2) 학교폭력 가해학생 조치별 적용 세부기준 교육부 고시

			기본 판단 요소					부가적 판단요소	
			학교폭력의 심각성	학교폭력의 지속성	학교폭력의 고의성	가해학생의 반성정도	화해정도	해당 조치로 인한 가해학생의 선도가능성	피해학생이 장애학생인지 여부
판정 점수		4	매우 높음	매우 높음	매우 높음	없음	없음	해당점수에 따른 조치에도 불구하고 가해학생의 선도가능성 및 피해학생의 보호를 고려하여 시행령제14조제5항에 따라 학교폭력대책심의위원회 출석위원 과반수의 찬성으로 가해학생에 대한 조치를 가중 또는 경감할 수 있음	피해학생이 장애학생인 경우 가해학생에 대한 조치를 가중할 수 있음
판정 점수		3점	높음	높음	높음	낮음	낮음		
판정 점수		2점	보통	보통	보통	보통	보통		
판정 점수		1점	낮음	낮음	낮음	높음	높음		
판정 점수		0점	없음	없음	없음	매우 높음	매우 높음		
가해학생에 대한 조치	교내선도	1호	피해학생에 대한 서면사과	1~3점					
가해학생에 대한 조치	교내선도	2호	피해학생 및 신고·고발학생에 대한 접촉, 협박및 보복행위의 금지	피해학생 및 신고·고발학생의 보호에 필요하다고 심의위원회가 의결할 경우					
가해학생에 대한 조치	교내선도	3호	학교에서의 봉사	4~6점					
가해학생에 대한 조치	외부기관연계선도	4호	사회봉사	7~9점					
가해학생에 대한 조치	외부기관연계선도	5호	학내외 전문가에 의한 특별교육이수 또는 심리치료	가해학생 선도·교육에 필요하다고 심의위원회가 의결할 경우					
가해학생에 대한 조치	교육환경변화 교내	6호	출석정지	10~12점					
가해학생에 대한 조치	교육환경변화 교내	7호	학급교체	13~15점					
가해학생에 대한 조치	교육환경변화 교외	8호	전학	16~20점					
가해학생에 대한 조치	교육환경변화 교외	9호	퇴학처분	16~20점					

교육부 고시를 통하여 심의위원회의 가해학생에 대한 조치의 판단 요소, 점수 부여 기준 및 점수 구간별 조치에 대해서 공표되어 있는바, 당사자들은 조치의 수위에 대해서 사전 예측을 해볼 수 있는 자료로 활용할 수 있다.

기본 판단 요소로는 ① 학교폭력의 심각성, ② 학교폭력의 지속성, ③ 학교폭력의 고의성, ④ 가해학생의 반성정도, ⑤ 가해학생 및 가해학생의 보호자와 피해자 및 피해학생의 보호자간의 화해 정도가 있고, 부가적인 판단 요소로서 ⑥ 해당 조치로 인한 가해학생의 선도가능성, ⑦ 피해학생이 장애학생인지 여부가 있다.

아래에서는 각 조치에 대한 내용을 구체적으로 알아본다.

3) 조치의 종류

가) 서면 사과(제1호)

피해학생에 대한 서면 사과는 가해학생이 그 동안 피해학생에게 서면으로 그 동안의 폭력행위에 대하여 사과할 것을 명하는 조치이다.

서면의 작성 방법에 대해서는 구체적인 제한이 없으나, 원만한 관계 회복을 위해서는 진지하게 반성하는 자필 기재의 서면일 것이 추천된다.

이와 관련하여, 최근까지도 '서면사과 조치'가 가해학생이 자신의 신념에 반하여 자기의 행위가 비행이며 죄가 된다는 윤리적 판단을 형성·강요하여 이를 외부적으로 표시하도록 한다는 점에서 '양심의 자유'를 침해하는 것이 아닌지, 가해학생에게 굴욕감을 느끼게 하는 처분으로 '인격권'을 침해하는 것이 아닌지에 대한 위헌 문제가 반복적으로 제기되고 있다.

그러나 헌법재판소는 "서면사과조항은 가해학생에게 반성과 성찰의 기회를 제공하고 피해학생의 피해 회복과 정상적인 학교생활로의 복귀를 돕기 위한 것이다. 학교폭력은 여러 복합적인 원인으로 발생하고, 가해학생도 학교와 사회가 건전한 사회구성원으로 교육해야 할 책임이 있는 아직 성장과정에 있는 학생이므로, 학교폭력 문제를 온전히 응보적인 관점에서만 접근할 수는 없고 가해학생의 선도와 교육이라는 관점도 함께 고려하여야 한다. 학교폭력의 가해학생과 피해학생은 모두 학교라는 동일한 공간에서 생활하므로, 가해학생의 반성과 사과 없이는 피해학생의 진정한 피해회복과 학교폭력의 재발방지를 기대하기 어렵다. 서면사과 조치는 단순히 의사에 반한 사과명령의 강제나 강요가 아니라, 학교폭력 이후 피해학생의 피해회복과 정상적인 교우관계회복을 위한 특별한 교육적 조치로 볼 수 있다. 가해학생은 서면사과를 통해 자신의 잘못된 행위에 대하여 책임을 지는 방법과 피해학생의 피해를 회복하는 방법을 배우고, 이를 통해 건전한 사회구성원으로 성장해나갈 수 있다. 서면사과 조치는 내용에 대한 강제 없이 자신의 행동에 대한 반성과 사과의 기회를 제공하는 교육적 조치로 마련된 것이고, 가해학생에게 의견진술 등 적정한 절차적 기회를 제공한 뒤에 학교폭력 사실이 인정되는 것을 전제로 내려지는 조치이며, 이를 불이행하더라도 추가적인 조치나 불이익이 없다. 또한 이러한 서면사과의 교육적 효과는 가해학생에 대한 주의나 경고 또는 권고적인 조치만으로는 달성하기 어렵다. 따라서 이 사건 서면사과조항이 가해학생의 양심의 자유와 인격권을 과도하게 침해한다고 보기 어렵다."라고 하여 '서면 사과' 조치는 합헌임을 반복적으로 결정하고 있다(헌법재판소 2023. 2. 23.자 2019헌바93 전원합의체 결정).

나) 피해학생 및 신고·고발 학생에 대한 접촉, 협박 및 보복행위의 금지(제2호)
접촉의 금지라 함은 조치를 받은 하생이 의도적으로 피해학생에게 접촉하는 것(인터넷, 휴대전화 등의 정보통신망을 이용한 행위를 포함)을 금지하는 것으로서, 교육활동 및 일상생활 가운데 이루어지는 의도하지 않은 접촉에 대해서 모두 금지하는 것은 아니다.

따라서 통상적인 학교 교육활동 과정에서 가해학생의 의도하지 않은 접근은 피해학생이나 신고·고발한 학생에 대하여 위협적인 상황을 발생시키지 않으므로 허용된다.

그러나, 무의도성을 이유로 빈번하게 접촉이 이루어지거나, 무의도성을 가장하여 피해학생에게 접촉할 경우에는, 학교폭력예방법 제17조 제15항에 따라 다른 조치를 추가할 수 있다.

한편, 이러한 접근 등의 제한조치에는 법령상 '기간에 대한 제한'이 없어 가해학생의 '일반적 행동자유권'을 침해하였는지가 문제가 되나, 헌법재판소는 "가해학생과 피해학생이 동일한 학교라는 공간에서 함께 교육을 받고 있다는 점을 고려하면, 학교폭력의 태양이나 가해학생의 태도 등에 따라 적어도 같은 학교급에서 교육을 받는 동안에는 피해학생이 가해학생의 위협없이 안전하게 생활할 수 있는 조치가 필요하다. 경우에 따라서는 그 졸업 시점까지 피해학생과 신고·고발한 학생을 가해학생으로부터 보호해야 할 필요가 인정될 수도 있다. 따라서 기한의 제한이 없다고 하여 과도하게 가해학생의 일반적 행동자유권을 제한한다고 보기 어렵다."라고 하여 이를 합헌이라고 결정하고 있다(헌법재판소 2023. 2. 23.자 2019헌바93 전원합의체 결정).

다) 학교에서의 봉사(제3호)

교내에서 가해학생이 봉사활동을 통해 자신의 행동을 반성하는 기회를 줘 위한 조치로서, 단순한 훈육적 차원이 아니라 봉사의 진정한 의미를 알고 학생 스스로 잘못을 깨달을 수 있는 봉사 방법을 선정하여 선도적·교육적 차원에서의 봉사활동이 되어야 한다.

예컨대, 가해학생에게 '학교폭력 예방 홍보 및 캠페인 활동', '학생회 주관 행사 도우미', '장애 학생의 등교 도우미', '학교 내 환경 정화 활동' 등을 실시할 수 있고, 봉사 시간을 구체적으로 기재하여 조치하게 된다.

이러한 보통 '학교에서의 봉사' 조치의 경우, 학교 내에서 진행된다는 점에서 가해 학생의 학습권을 고려하여 수업 시간 외 시간을 활용하여 진행되는 경우가 많다.

라) 사회 봉사(제4호)

학교 밖 행정 및 공공기관 등 관련기관에서 사회구성원으로서의 책임감을 느끼고, 봉사를 통해 반성하는 시간을 마련하기 위한 조치이다.

사회봉사는 지역 행정기관에서의 봉사(환경미화, 교통안내, 거리질서유지 등), 공공기관에서의 봉사(우편물 분류, 도서관 업무보조 등), 사회복지기관(노인정, 사회복지관 등) 봉사 등의 형태로 진행될 수 있으며, 학교에서는 사회봉사를 실시하는 기관과 업무협조를 긴밀히 하고, 각종 확인 자료와 담당자 간의 통신을 통하여 사회봉사가 실질적으로 이루어질 수 있도록 하여야 한다.

마) 학내외 전문가, 교육감이 정한 기관에 의한 특별교육이수 또는 심리치료
(제5호)

가해 학생이 봉사활동 등을 통하여 스스로의 행동을 반성하는 것이 어려워 보이는 경우에 전문가의 도움을 받아 폭력에 대한 인식을 개선하고 스스로의 행동을 반성하게 하는 조치이다. 특별 교육 이수 또는 심리치료에 필요한 기간은 심의위원회에서 정하게 된다.

학교폭력예방법 제17조 제9항에 따라, 가해학생이 특별교육을 이수할 경우 해당 학생의 보호자도 함께 교육을 받게 하여야 한다.

바) 출석정지(제6호)

가해학생을 수업에 출석하지 못하게 함으로써 일시적으로 피해학생과 격리시켜 피해학생을 보호하고, 가해학생에게는 반성의 기회를 주기 위한 조치이다.

이때 가해학생에 대한 출석정지 기간은 출석일수에 산입하지 아니하며, 학교장은 출석정지 기간 동안 가해학생에게 적절한 지도가 이루어질 수 있도록 필요한 교육 방법을 마련해야 한다.

한편 초·중등교육법 제18조는 "학교의 장은 학생이나 보호자에게 의견을 진술할 기회를 주는 등 적정한 절차를 거쳐, 교육상 필요한 경우에는 법령과 학칙으로 정하는 바에 따라 학생을 징계하거나 그 밖의 방법으로 지도할 수 있다"라고 규정하고, 초·중등교육법 시행령 제31조 제1항에서는 "학교의 장이 학교 내의 봉사, 사회봉사, 특별교육이수, 출석정지(1회 10일 이내, 연간 30일 이내), 퇴학처분 중 하나에 해당하는 징계를 할 수 있다"라고 규정하고 있는바, 학교폭력예방법 징계조치 조항에서는 출석정지의 상한일수가 없는 것과 달리 초·중등교육법상 '출석정지'의 경우에는 그 상한일수(1회 10일 이내, 연간 30

일 이내)를 정하고 있는 것을 볼 수 있다.

이와 관련하여서도 초·중등교육법과 달리 상한일 없는 출석정지를 규정한 학교폭력예방법 출석정지 관련 조항이 '학습의 자유'를 침해하지 아니하는지에 대한 문제가 제기되었으나,

헌법재판소는 [학교폭력예방법 제5조 제1항은 "가해학생에 대한 조치에 있어서 다른 법률에 특별한 규정이 있는 경우를 제외하고는 이 법을 적용한다."라고 규정하고 있다. 그런데 초·중등교육법상 징계조치는 해당 학생의 행위가 다른 학생을 대상으로 한 경우가 아니거나 학교폭력에 이르지 않는 정도의 행위에 대해서도 교육상 필요한 경우에는 취해질 수 있는 반면에, 학교폭력예방법상 징계조치는 피해학생에 대하여 학교폭력이 가해졌음을 전제로 피해학생의 보호와 가해학생의 선도·교육을 위하여 취해지는 것으로, 그 징계사유, 징계조치의 취지 및 내용 등을 달리한다. 따라서 초·중등교육법상 징계조치가 학교폭력예방법 제5조 제1항에서 정하고 있는 '이 사건 징계조치 조항에 우선하여 적용되는 특별규정'에 해당한다고 볼 수 없고, 입법으로 달성하려는 공익과 규율하는 사안의 성격이 동일하지 아니하므로, 초·중등교육법과 그 시행령의 징계 조항과 단순 비교하여 이 사건 징계조치 조항이 침해의 최소성을 준수하였는지 여부를 판단하는 것 역시 타당하다고 볼 수 없다.]라고 하여 합헌임을 결정한바 있다(헌법재판소 2019. 4. 11.자 2017헌바140 전원합의체 결정).

사) 학급교체(제7호)

가해학생을 피해학생으로부터 격리하고 가해학생의 교육환경 변화를 위하여 같은 학교 내의 다른 학급으로 옮기게 하는 조치이다.

주의할 것은 학급교체의 취지 자체를 고려하여, 가해학생과 피해학생 간의 격리가 이루어져야 함에도 가해학생의 점수가 '학급교체' 처분에 해당하는 점수이지만, 이미 가해학생이 피해학생과 다른 반이어서 학급교체가 의미 없다고 판단하여 '전학' 처분으로 가중되는 경우가 있고, 이러한 심의위원회 결정에 대해서는 특별히 불합리하다고 볼 수 없다는 판례가 존재한다(대구지방법원 2021. 9. 1. 선고 2021구합22274 판결).

아) 전학(제8호)

가해학생을 피해학생으로부터 격리시키고 피해학생에 대해 더 이상의 폭력행위를 하지 못하도록 하기 위하여 다른 학교로 소속을 옮기도록 하는 조치이다. 가해학생이 다른 학교로 전학을 간 이후에는 전학 전의 피해학생 소속 학교로 다시 전학 올 수 없도록 하여야 한다.

또한 가해학생과 피해학생이 상급학교에 진학할 때에도 각각 다른 학교를 배정하여야 하고, 이 경우 피해학생이 입학할 학교를 우선적으로 배정하게 된다.

주의할 것은 피해학생과 가해학생이 이미 다른 학교에 재학 중이라도 '전학' 조치가 가능하다는 점인데, 가해학생에 대한 전학 조치가 내려진 경우 피해학생의 보호에 충분한 거리 등을 고려한다면 관할 구역 외의 학교에 전학시킬 수도 있고, 같은 학교 내에서 일어난 학교폭력이 아닌 경우에는 가해학생에게 '전학'조치를 할 수 없다는 결과가 된다면, 이는 학교폭력예방법의 입법 취지와 규정 내용에도 반하기 때문이다(광주지방법원 2022. 4. 29. 선고 2021구합14165 판결 참고).

자) 퇴학처분(제9호)

피해학생을 보호하고 가해학생을 선도,교육할 수 없다고 인정될 때 취하는 조치이지만, 의무교육과정(초등학교, 중학교 과정)에 있는 가해학생에 대해서는 적용하지 아니한다.

교육감은 퇴학처분을 받은 학생에 대하여 해당 학생의 선도의 정도, 교육 가능성 등을 종합적으로 고려하여 초·중등교육법 제60조의3에 따른 대안학교로의 입학 등 해당 학생의 건전한 성장에 적합한 대책을 마련하여야 한다.

주의할 것은 전학조치와 유사하게, 피해학생과 가해학생이 이미 다른 학교에 재학 중이라도 '퇴학'조치가 가능하다는 점이다(광주지방법원 2022. 4. 29. 선고 2021구합14165 판결).

7. 가해학생에 대한 조치의 학교생활기록부 기재

가. 관련 규정

초·중등교육법 시행규칙 제21조(학교생활기록의 기재내용 등)

② 법 제25조제1항제7호에서 "교육부령으로 정하는 사항"과 그 기재내용은 각각 다음 각 호와 같다.

  1. 학교정보: 학생의 재학 중 학년, 반, 번호 및 담임 교원의 성명 등

  2. 학생의 수상경력: 학생이 중학교나 고등학교 교육과정(중학교나 고등학교에 준하는 교육과정을 포함한다. 이하 이 항에서 같다) 이수 중 수상한 상의 명칭, 등급·등위, 수상시기 및 수여기관 등

  3. 학생의 창의적 체험활동 상황: 학생이 재학 중 실시한 자율·자치활동, 동아리활동 및 진로활동 등

  4. 학생의 독서활동 상황: 학생이 중학교나 고등학교 교육과정 이수 중에 읽은 책의 제목 및 저자 등

  5. 학생의 자유학기활동 상황: 학생이 자유학기 중에 실시한 자유학기활동 결과

  6. 학교폭력 조치상황 관리: 「학교폭력예방 및 대책에 관한 법률」 제17조제1항에 따른 조치사항이 있는 경우 그 내용

③ 제2항제6호에 따라 「학교폭력예방 및 대책에 관한 법률」 제17조제1항제1호부터 제3호까지에 따른 조치사항에 관한 내용을 적어야 하는 경우는 다음 각 호의 어느 하나에 해당하는 경우로 한정한다. 이 경우 제2호에 해당하는 경우에는 그 다른 학교폭력사건으로 받은 「학교폭력예방 및 대책에 관한 법률」 제17조제1항제1호부터 제3호까지에 따른 조치사항에 관한 내용도 함께 적어야 한다.

1. 해당 학생이 「학교폭력예방 및 대책에 관한 법률」 제17조제1항제1호부
   터 제3호까지에 따른 조치사항을 이행하지 않은 경우
2. 해당 학생이 「학교폭력예방 및 대책에 관한 법률」 제17조제1항제1호
   부터 제3호까지에 따른 조치를 받은 후 동일 학교급에 재학하는 동안
   (초등학생인 경우에는 그 조치를 받은 날부터 3년 이내의 범위에서
   동일 학교급에 재학하는 동안) 다른 학교폭력사건으로 같은 조 제1항
   의 조치를 받은 경우

④ 학교의 장은 학교생활기록을 학교생활기록부와 학교생활 세부사항기록부로
   구분해 작성·관리한다. 이 경우 학교생활 세부사항기록부는 학생의 상급학
   교(「고등교육법」 제2조 각 호에 따른 학교를 포함한다. 이하 이 항에서 같다)
   진학시도 및 상급학교 학생선발에 활용하기 위해 제1항 및 제3항에 관한 사
   항이 전부 포함되도록 작성·관리한다.

⑤ 제1항부터 제4항까지의 규정에도 불구하고 공민학교·고등공민학교·고등기술
   학교·특수학교 및 각종학교의 장은 해당 학교의 학칙으로 정하는 바에 따라
   학교생활기록을 해당 학교의 교육과정에 알맞게 수정해 작성·관리할 수 있다.

초·중등교육법 시행규칙 제22조(학교생활기록의 관리·보존 등)

① 학교의 장은 「공공기록물 관리에 관한 법률」 및 같은 법 시행령에 따라 학교생활기록부 및 학교생활 세부사항기록부를 관리·보존해야 한다.

② 학교의 장은 학교생활기록의 기록 사항 중 「학교폭력예방 및 대책에 관한 법률」 제17조제1항제1호부터 제3호까지의 조치사항을 해당 학생의 졸업과 동시에 삭제해야 한다.

③ 학교의 장은 학교생활기록의 기록 사항 중 「학교폭력예방 및 대책에 관한 법률」 제17조제1항제4호부터 제8호까지의 조치사항을 다음 각 호의 구분에 따른 기간이 지난 후에 지체 없이 삭제해야 한다. 다만, 「학교폭력예방 및 대책에 관한 법률」 제17조제1항제4호부터 제7호까지의 조치사항은 교육부장관이 정하는 바에 따라 해당 학생이 졸업하기 직전에 「학교폭력예방 및 대책에 관한 법률」 제14조제3항에 따른 전담기구의 심의를 거쳐 해당 학생의 졸업과 동시에 삭제할 수 있다.

 1. 「학교폭력예방 및 대책에 관한 법률」 제17조제1항제4호 및 제5호의 조치사항: 해당 학생이 졸업한 날부터 2년

 2. 「학교폭력예방 및 대책에 관한 법률」 제17조제1항제6호부터 제8호까지의 조치사항: 해당 학생이 졸업한 날부터 4년

④ 학년도별 학교생활기록의 작성이 종료된 이후에는 해당 학교생활기록의 내용을 정정할 수 없다. 다만, 정정을 위한 객관적인 증명자료가 있는 경우에는 정정할 수 있다.

나. 학교생활기록부 보존 연한 등 요약

조치사항	개정 전	개정 후 (2024. 3. 1. 이후)
1, 2, 3호	졸업과 동시에 삭제	좌동
4, 5호	(원칙) 졸업 후 2년 보존 (예외) 졸업 직전 심의 삭제 가능	좌동
6, 7호	(원칙) 졸업 후 2년 보존 (예외) 졸업 직전 심의 삭제 가능	(원칙) 졸업 후 4년 보존 (예외) 졸업 직전 심의 삭제 가능
8호	졸업 후 예외없이 2년 보존	졸업 후 예외없이 4년 보존
9호	영구보존(삭제불가)	

다. 개정 주요 내용

최근 국가수사본부장에 임명되었다가 낙마한 정순신 변호사 아들의 학교폭력 사건을 계기로, 가해학생에 대한 심의위원회의 조치가 학교생활기록부에서 쉽게 삭제되어 대학교가 가해학생을 선발할 때 이를 고려하지 못하는 사태를 방지해야 한다는 문제가 대두되기 시작하였다.

이에 학교생활기록부의 보존 및 삭제 요건을 강화한 초·중등 교육법 시행령

이 개정되어, 2024. 3. 1. 이후부터는 개정된 시행령이 적용되게 된다.

가장 큰 골자는 제6호·제7호 조치의 경우 개정 전 졸업 후 2년 보존 원칙에서 졸업 후 '4년 보존 원칙'으로, 제8호 조치의 경우에는 졸업 후 예외없이 2년 보존에서 '예외없이 4년 보존'으로 바뀐 것이다.

앞으로 가해 학생의 대학 입시 혹은 취업 절차에서 심의위원회의 조치가 반영될 가능성이 높아진 만큼, 더욱이 심의위원회 단계에서부터 적극적인 법적 대응을 할 필요가 높아졌다고 할 수 있다.

라. 제1호·제2호·제3호 조치의 경우

통상 심의위원회 조치결정은 제4호 처분 이상일 경우에만 학교생활기록부에 기재된다고 한다. 정확히는 제1호~제3호 처분의 경우 '조건부 기재유보'이기 때문에 1~3호 처분이라고 해서 학교생활기록부에 무조건 기재가 되지 않는 것은 아니다.

1~3호 조치 처분의 경우, 심의위원회의 조치를 가해학생이 이행 기간 내에 이행하였다면 학교생활기록부에 기재되지 않으나, 해당 학생이 조치사항을 이행하지 않거나 해당 학생이 제1호부터 제3호까지에 따른 조치를 받은 후 동일 학교급에 재학하는 동안(초등학생인 경우에는 그 조치를 받은 날부터 3년 이내의 범위에서 동일 학교급에 재학하는 동안) 다른 학교폭력사건으로 제1호부터 제9호까지의 조치를 받으면 학교생활기록부에 기재가 된다.

한편, 학교의 장은 학교생활기록부의 기록 사항 중 제1호부터 제3호까지의 조치 사항은 해당 학생의 '졸업과 동시'에 삭제해야 한다.

마. 제4호·제5호 조치

제4호·제5호 조치 처분은 해당 학생의 이행 여부 등을 불문하고 학교생활기록부에 기재가 되고, 해당 학생의 졸업과 동시에 삭제가 되는 것은 아니다.

그러나 학교의 장은 해당 학생이 졸업하고 '2년'이 지나면 이를 학교생활기록부에서 삭제해야 하고, 다만 해당 학생이 '졸업하기 직전 전담기구의 심의'를 거쳐 졸업과 동시에 삭제가 될 수 있다.

바. 제6호·제7호 조치

제6호·제7호 조치 처분은 해당 학생의 이행 여부 등을 불문하고 학교생활기록부에 기재가 되고, 해당 학생의 졸업과 동시에 삭제가 되는 것은 아니다.

그러나 학교의 장은 해당 학생이 졸업하고 '4년'이 지나면 이를 학교생활기록부에서 삭제해야 하고, 다만 해당 학생이 '졸업하기 직전 전담기구의 심의'를 거쳐 졸업과 동시에 삭제가 될 수 있다.

사. 제8호 조치

제8호 조치의 경우 학교생활기록부에 기재가 되고, 해당 학생이 졸업하고 '4년'이 지날 때까지 위 기록은 남아있게 된다.

학교의 장은 해당 학생이 졸업하고 4년이 지나면 이를 학교생활기록부에서 삭제할 수 있을 뿐, 전담기구의 심의를 거쳐 졸업과 동시에 삭제될 수 있는 예외 사유는 존재하지 않는다.

아. 제9호 조치

제9호 조치의 경우 학교생활기록부에 기재가 되고, 이는 '영구적'으로 학교생활기록부에 보존되고 삭제할 수 없다.

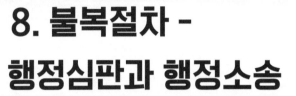

8. 불복절차 – 행정심판과 행정소송

가. 행정심판

1) 정의

행정심판이란 행정청의 위법 또는 부당한 처분(處分)이나 부작위(不作爲)로 인하여 권리 또는 이익이 침해된 국민이 이를 구제받기 위하여 행정기관에 제기하는 행정쟁송절차이다. 행정심판법은 행정심판제도의 기본이 되는 법률이라 할 수 있다. 행정심판법은 행정심판 절차를 통하여 행정청의 위법 또는 부당한 처분(處分)이나 부작위(不作爲)로 침해된 국민의 권리 또는 이익을 구제하고, 아울러 행정의 적정한 운영을 꾀함을 목적으로 한다.

2) 근거법령

학교폭력예방 및 대책에 관한 법률(이하 '학교폭력예방법'이라 한다)[1]은 제17조의2에서 교육장이 행정청으로서 학교폭력 가해학생 또는 피해학생에 대해 내린 조치에 대한 행정심판 불복절차에 관하여 아래와 같이 규정하고 있다.

학교폭력예방법 제17조의2(행정심판)

① 교육장이 제16조제1항 및 제17조제1항에 따라 내린 조치에 대하여 이의가 있는 피해학생 또는 그 보호자는 「행정심판법」에 따른 행정심판을 청구할 수 있다.

---

[1] 2024. 01. 09. 법률 제19942호로 일부 개정되어 2024. 3. 1.부터 시행된 본 원고 집필 시점 기준의 현행법. 이하 동일.

② 교육장이 제17조제1항에 따라 내린 조치에 대하여 이의가 있는 가해학생 또는 그 보호자는 「행정심판법」에 따른 행정심판을 청구할 수 있다.

③ 행정심판위원회는 피해학생 또는 그 보호자 및 피·가해학생의 소속 학교에 제2항에 따른 행정심판의 청구 사실을 통지하고 「행정심판법」 제20조에 따른 심판 참가에 관한 사항을 문서로 안내하여야 한다.

④ 제1항 및 제2항에 따른 행정심판청구에 필요한 사항은 「행정심판법」을 준용한다.

3) 청구권자 및 청구대상

피해학생 또는 그 보호자는 교육장이 학교폭력예방법 제16조 제1항에 따라 **피해학생에게 내린** 학내외 전문가에 의한 심리상담 및 조언, 일시보호, 치료 및 치료를 위한 요양, 학급교체, 그 밖에 피해학생의 보호를 위한 조치에 대하여 행정심판을 청구할 수 있다(학교폭력예방법 제17조의2 제1항).

피해학생 또는 그 보호자는 교육장이 학교폭력예방법 제17조 제1항에 따라 **가해학생에게 내린** 피해학생에 대한 서면사과, 피해학생 및 신고·고발 학생에 대한 접촉, 협박 및 보복행위(정보통신망을 이용한 행위를 포함한다)의 금지, 학교에서의 봉사, 사회봉사, 학내외 전문가, 교육감이 정한 기관에 의한 특별 교육이수 또는 심리치료, 출석정지, 학급교체, 전학, 퇴학처분 등 조치에 대하여 행정심판을 청구할 수 있다(학교폭력예방법 제17조의2 제1항).

반면 가해학생 또는 그 보호자는 교육장이 학교폭력예방법 제17조 제1항에 따라 **가해학생에게 내린** 피해학생에 대한 서면사과, 피해학생 및 신고·고발 학생에 대한 접촉, 협박 및 보복행위(정보통신망을 이용한 행위를 포함한다)의 금지, 학교에서의 봉사, 사회봉사, 학내외 전문가, 교육감이 정한 기관에 의한 특별 교육이수 또는 심리치료, 출석정지, 학급교체, 전학, 퇴학처분 등 조치에 대하여만 행정심판을 청구할 수 있다(학교폭력예방법 제17조의2 제2항).

즉, 피해학생 또는 그 보호자는 피해학생 본인에게 내려진 보호 조치 뿐만 아니라 가해학생에 대한 조치에 대해서도 행정심판을 청구할 수 있지만, 가해학생 또는 그 보호자는 가해학생 본인에 대한 조치에 대해서만 행정심판을 청구할 수 있다는 차이점이 있다.

4) 청구방식

행정심판법 제23조는 심판청구서의 제출에 관하여, 제28조는 심판청구의 방식에 관하여 아래와 같이 규정하고 있다.

행정심판법 제23조(심판청구서의 제출)

① 행정심판을 청구하려는 자는 제28조에 따라 심판청구서를 작성하여 피청구인이나 위원회에 제출하여야 한다. 이 경우 피청구인의 수만큼 심판청구서 부본을 함께 제출하여야 한다.

② 행정청이 제58조에 따른 고지를 하지 아니하거나 잘못 고지하여 청구인이 심판청구서를 다른 행정기관에 제출한 경우에는 그 행정기관은 그 심판청구서를 지체 없이 정당한 권한이 있는 피청구인에게 보내야 한다.

③ 제2항에 따라 심판청구서를 보낸 행정기관은 지체 없이 그 사실을 청구인에게 알려야 한다.

④ 제27조에 따른 심판청구 기간을 계산할 때에는 제1항에 따른 피청구인이나 위원회 또는 제2항에 따른 행정기관에 심판청구서가 제출되었을 때에 행정심판이 청구된 것으로 본다.

행정심판법 제28조(심판청구의 방식)

① 심판청구는 서면으로 하여야 한다.

② 처분에 대한 심판청구의 경우에는 심판청구서에 다음 각 호의 사항이 포함되어야 한다.

1. 청구인의 이름과 주소 또는 사무소(주소 또는 사무소 외의 장소에서 송달받기를 원하면 송달장소를 추가로 적어야 한다)
2. 피청구인과 위원회
3. 심판청구의 대상이 되는 처분의 내용
4. 처분이 있음을 알게 된 날
5. 심판청구의 취지와 이유
6. 피청구인의 행정심판 고지 유무와 그 내용

③ 부작위에 대한 심판청구의 경우에는 제2항제1호·제2호·제5호의 사항과 그 부작위의 전제가 되는 신청의 내용과 날짜를 적어야 한다.

④ 청구인이 법인이거나 제14조에 따른 청구인 능력이 있는 법인이 아닌 사단 또는 재단이거나 행정심판이 선정대표자나 대리인에 의하여 청구되는 것일 때에는 제2항 또는 제3항의 사항과 함께 그 대표자·관리인·선정대표자 또는 대리인의 이름과 주소를 적어야 한다.

⑤ 심판청구서에는 청구인·대표자·관리인·선정대표자 또는 대리인이 서명하거나 날인하여야 한다.

행정심판 청구권자는 처분이 내려진 해당 교육청의 행정심판위원회에 청구한다. 심판청구의 방식은 서면으로 하여야 하고, 피청구인의 수만큼 심판청구서 부본을 준비하여 피청구인인 처분청 또는 행정심판위원회 중 어느 한 곳에 제출하여야 한다.

심판청구서에는 청구인의 인적사항을 적고, 피청구인과 위원회가 누구인지를 밝히며, 심판청구의 대상이 되는 처분의 내용을 특정하고, 해당 처분이 있음을 알게된 날을 명시하며, 심판청구의 취지와 이유 등이 포함되어야 한다. 이때, 심판청구의 취지와 그 이유를 명확하고 상세하며 설득력 있게 밝히는 것이 무엇보다 중요하다. 학교폭력 사건에 전문성을 갖춘 법률전문가의 조력이 빛을 발할 수 있는 대목이라 하여도 과언이 아니다.

5) 청구기간

행정심판법[2]은 제27조에서 심판청구의 기간에 관하여 아래와 같이 규정하고 있다.

행정심판법 제27조(심판청구의 기간)

① 행정심판은 처분이 있음을 알게 된 날부터 90일 이내에 청구하여야 한다.

---

2   2023. 03. 21. 법률 제19269호로 일부 개정되어 시행된 본 원고 집필 시점 기준의 현행법. 이하 동일.

② 청구인이 천재지변, 전쟁, 사변(事變), 그 밖의 불가항력으로 인하여 제1항에서 정한 기간에 심판청구를 할 수 없었을 때에는 그 사유가 소멸한 날부터 14일 이내에 행정심판을 청구할 수 있다. 다만, 국외에서 행정심판을 청구하는 경우에는 그 기간을 30일로 한다.

③ 행정심판은 처분이 있었던 날부터 180일이 지나면 청구하지 못한다. 다만, 정당한 사유가 있는 경우에는 그러하지 아니하다.

④ 제1항과 제2항의 기간은 불변기간(不變期間)으로 한다.

⑤ 행정청이 심판청구 기간을 제1항에 규정된 기간보다 긴 기간으로 잘못 알린 경우 그 잘못 알린 기간에 심판청구가 있으면 그 행정심판은 제1항에 규정된 기간에 청구된 것으로 본다.

⑥ 행정청이 심판청구 기간을 알리지 아니한 경우에는 제3항에 규정된 기간에 심판청구를 할 수 있다.

⑦ 제1항부터 제6항까지의 규정은 무효등확인심판청구와 부작위에 대한 의무이행심판청구에는 적용하지 아니한다.

청구권자는 교육장의 ①처분이 있음을 알게 된 날부터 90일 이내 및 ②처분이 있었던 날부터 180일 이내에만 행정심판을 청구할 수 있다. ①, ②은 모두 충족되어야 한다. 이 중 어느 하나라도 기간이 도과하면 더 이상 행정심판을 청구할 수 없다(행정심판법 제27조 제1항, 제3항).

① '처분이 있음을 알게 된 날'이란 통지·공고 기타의 방법으로 처분이 있었음을 **현실적으로 안 날**을 의미한다. 추상적으로 알 수 있었던 날을 의미하지 않는다. 예를 들어, 조치결정 통보서가 학생 또는 보호자에게 송달되기 전에는 학생 또

는 보호자가 미리 타 경로로 조치결정의 내용의 전부 또는 일부를 알게 되더라도 미리 안 날을 ① 관련 청구기간의 기산점으로 삼지는 않는다. 단, 조치결정 통보서가 학생 또는 보호자에게 송달되지 못한 사유가 학생 또는 보호자의 합리적인 이유 없는 수령 거절이라면, 그 거절한 시점이 ① 관련 청구기간의 기산점이 될 수 있다.

② '처분이 있었던 날'은 처분이 외부에 표시되어 그 효력이 발생한 날, 즉 교육장의 조치결정 통보서가 당사자에게 도달하여 해당 조치가 성립한 날을 의미한다.

한편 무효확인심판은 위 청구기간의 제약을 받지 않으나, 처분의 효력이 없다는 점이 인정되려면 그 처분의 위법성이 중대하고 명백한 경우에 해당하여야 한다(행정심판법 제27조 제7항). 실무적으로 청구기간이 도과된 경우 차선책으로 무효확인심판을 청구하는 경우가 있으나, 처분 자체에 중대하고 명백한 위법이 있어 처분의 효력이 부정되어야 하는 경우가 아니라면 원하는 결과를 기대하기는 어렵다.

6) 집행정지

집행정지란, 처분, 처분의 집행 또는 절차의 속행 때문에 중대한 손해가 생기는 것을 예방할 필요성이 긴급하다고 인정되는 경우 행정심판위원회가 직권으로 또는 당사자의 신청에 의하여 처분의 효력, 처분의 집행 또는 절차의 속행의 전부 또는 일부를 정지시키는 것이다.

행정심판의 청구는 처분의 효력이나 그 집행 또는 절차의 속행에 영향을 주지 않는다. 교육장의 처분에 대한 심판청구를 한다고 해서 청구의 대상이 된 처분의 효력이 당연히 정지되는 것은 아니다. 처분의 효력, 처분의 집행 또는 절차 속행의 정지를 구하려면 별도로 집행정지 신청을 고려할 필요가 있다.

행정심판법 제30조, 학교폭력예방법 제17조의4, 동법 시행령 제24조는 집

행정심판법 제30조(집행정지)

① 심판청구는 처분의 효력이나 그 집행 또는 절차의 속행(續行)에 영향을 주지 아니한다.

② 위원회는 처분, 처분의 집행 또는 절차의 속행 때문에 중대한 손해가 생기는 것을 예방할 필요성이 긴급하다고 인정할 때에는 직권으로 또는 당사자의 신청에 의하여 처분의 효력, 처분의 집행 또는 절차의 속행의 전부 또는 일부의 정지(이하 "집행정지"라 한다)를 결정할 수 있다. 다만, 처분의 효력정지는 처분의 집행 또는 절차의 속행을 정지함으로써 그 목적을 달성할 수 있을 때에는 허용되지 아니한다.

③ 집행정지는 공공복리에 중대한 영향을 미칠 우려가 있을 때에는 허용되지 아니한다.

④ 위원회는 집행정지를 결정한 후에 집행정지가 공공복리에 중대한 영향을 미치거나 그 정지사유가 없어진 경우에는 직권으로 또는 당사자의 신청에 의하여 집행정지 결정을 취소할 수 있다.

⑤ 집행정지 신청은 심판청구와 동시에 또는 심판청구에 대한 제7조제6항 또는 제8조제7항에 따른 위원회나 소위원회의 의결이 있기 전까지, 집행정지 결정의 취소신청은 심판청구에 대한 제7조제6항 또는 제8조제7항에 따른 위원회나 소위원회의 의결이 있기 전까지 신청의 취지와 원인을 적은 서면을 위

원회에 제출하여야 한다. 다만, 심판청구서를 피청구인에게 제출한 경우로서 심판청구와 동시에 집행정지 신청을 할 때에는 심판청구서 사본과 접수증명서를 함께 제출하여야 한다.

⑥ 제2항과 제4항에도 불구하고 위원회의 심리·결정을 기다릴 경우 중대한 손해가 생길 우려가 있다고 인정되면 위원장은 직권으로 위원회의 심리·결정을 갈음하는 결정을 할 수 있다. 이 경우 위원장은 지체 없이 위원회에 그 사실을 보고하고 추인(追認)을 받아야 하며, 위원회의 추인을 받지 못하면 위원장은 집행정지 또는 집행정지 취소에 관한 결정을 취소하여야 한다.

⑦ 위원회는 집행정지 또는 집행정지의 취소에 관하여 심리·결정하면 지체 없이 당사자에게 결정서 정본을 송달하여야 한다.

학교폭력예방법 제17조의4(집행정지)

① 행정심판위원회 및 법원이 제17조제1항에 따른 조치에 대하여 「행정심판법」 제30조 또는 「행정소송법」 제23조에 따른 집행정지 결정을 하려는 경우에는 피해학생 또는 그 보호자의 의견을 청취하여야 한다. 다만, 피해학생 또는 그 보호자가 의견진술의 기회를 포기한다는 뜻을 명백히 표시한 경우 등에는 의견청취를 아니할 수 있다.

② 교육감 또는 교육장은 행정심판위원회 또는 법원으로부터 집행정지 신청 사실 및 그 결과를 통보받은 경우 피해학생 또는 그 보호자 및 피·가해학생의 소속 학교에 그 사실 및 결과를 통지하여야 한다.

③ 제17조제1항에 따른 조치에 대한 집행정지 신청이 인용된 경우, 피해학생 및 그 보호자는 학교의 장에게 가해학생과의 분리를 요청할 수 있고, 학교의 장은 전담기구 심의를 거쳐 가해학생과 피해학생을 분리하여야 한다.

④ 제1항에 따른 의견청취의 절차, 방법, 예외 등에 필요한 사항은 「행정심판법」 제30조에 따른 집행정지의 경우에는 대통령령으로 정하고, 「행정소송법」 제23조에 따른 집행정지의 경우에는 대법원규칙으로 정한다.

학교폭력예방법 시행령 제24조(피해학생 진술권 보장)

① 행정심판위원회가 법 제17조의4제1항 단서에 따라 의견청취를 하지 않을 수 있는 경우는 다음 각 호와 같다.

  1. 피해학생 또는 그 보호자가 의견진술의 기회를 포기한다는 뜻을 명백히 표시한 경우
  2. 피해학생 또는 그 보호자가 이미 해당 사건에 관하여 충분히 의견을 진술하여 다시 진술할 필요가 없다고 인정되는 경우
  3. 그 밖에 행정심판위원회가 피해학생 또는 그 보호자의 의견청취가 현저히 곤란하다고 인정하는 경우

② 행정심판위원회는 법 제17조의4제1항 본문에 따라 피해학생 또는 그 보호자의 의견을 청취하는 경우에는 피해의 정도 및 결과, 가해학생에 대한 조치에 관한 의견, 그 밖에 해당 사건에 관한 의견을 진술할 기회를 주어야 한다.

③ 행정심판위원회는 피해학생 또는 그 보호자가 가해학생 또는 그 보호자를 대면하여 진술할 경우 충분히 진술할 수 없다고 인정하는 경우에는 가해학생 또는 그 보호자를 퇴장하게 한 후 진술하게 하거나 피해학생 또는 그 보호자에게 서면으로 의견을 제출하게 할 수 있다.

행정지에 관하여 아래와 같이 규정하고 있다.

행정심판위원회는 심판청구 당사자의 신청에 의하여 심리하여 집행정지를 결정할 수 있고, 당사자의 신청이 없더라도 직권으로 심리·결정할 수 있다. 직권으로 결정이 있는 예가 흔하지는 않으므로, 당사자는 실질적인 권리보장을 위하여 신속하게 집행정지 신청을 검토할 필요가 있다.

집행정지 결정이 내려지기 위해서는 ①집행정지의 대상인 처분의 존재, ②행정심판의 계속, ③처분의 집행으로 인해 중대한 손해가 생기는 것을 예방할 긴급한 필요성, ④집행정지가 공공복리에 중대한 영향을 미치지 않을 것 이라는 요건이 모두 충족되어야 한다.

집행정지에는 처분의 효력 정지, 처분의 집행 정지, 절차의 속행의 전부 또는 일부의 정지가 있다. 처분의 효력 정지란, 처분의 내용에 따르는 구속력, 공정력, 집행력 등을 잠정적으로 정지시키는 것으로, 결정 주문에서 정한 정지기간 중에는 처분이 없었던 원래의 상태와 같은 상태가 된다. 처분의 집행 정지란, 처분의 내용을 실현하는 집행력의 행사를 정지시키는 것이다. 절차의 속행 정지란, 심판대상인 처분에 따르는 후속처분을 정지시키는 것이다. 이 중 처분의 효력정지는 처분의 집행 또는 절차의 속행을 정지함으로써 그 목적을 달성할 수 있을 때에는 허용되지 아니한다.

행정심판의 집행정지는 재결시까지 효력이 있다. 행정심판위원회가 행정심판 청구 사건의 재결이 있을 때까지 처분의 집행을 정지한다고 결정한 경우에는, 재결서 정본이 행정심판을 청구한 당사자 즉 청구인에게 송달된 때 재결의 효력이 발생하므로(행정심판법 제48조 제2항, 제1항 참조) 그때 집행정지결정의 효력이 소멸함과 동시에 처분의 효력이 당연히 부활하여 처분에서 정한 효력기간이 다시 진행된다(대법원 2022. 2. 11. 선고 2021두40720 판결 참조).

집행정지는 심판청구를 전제로 하므로 집행정지결정을 하고자 할 때에는 이에 대한 심판청구가 제기되어 계속 중이어야 한다. 집행정지결정이 있은 후 청구인이 심판청구를 취하하면 집행정지결정의 효력은 소멸된다.

집행정지는 공공복리에 중대한 영향을 미칠 우려가 있을 때에는 허용되지 아니한다. 집행정지가 결정된 후에 집행정지가 공공복리에 중대한 영향을 미치거나 그 정지사유가 없어진 경우에는, 행정심판위원회는 직권으로 또는 당사자의 신청에 의하여 집행정지 결정을 취소할 수 있다.

사안에 따라서는 행정심판위원회의 집행정지결정 결과가 나오기까지 기다릴 경우 중대한 손해가 생길 우려가 있을 수 있다. 이 때에는 행정심판위원회 위원장이 직권으로 행정심판위원회의 심리·결정을 갈음하는 결정을 할 수 있다. 이 경우 위원장은 지체 없이 행정심판위원회에 그 사실을 보고하고 추인(追認)을 받아야 한다. 행정심판위원회의 추인을 받지 못하면 위원장은 집행정지 또는 집행정지 취소에 관한 결정을 취소하여야 한다.

교육장이 학교폭력예방법 제17조 제1항에 따라 **가해학생에게 내린** 피해학생에 대한 서면사과, 피해학생 및 신고·고발 학생에 대한 접촉, 협박 및 보복행위(정보통신망을 이용한 행위를 포함한다)의 금지, 학교에서의 봉사, 사회봉사, 학내외 전문가, 교육감이 정한 기관에 의한 특별 교육이수 또는 심리치료, 출석정지, 학급교체, 전학, 퇴학처분 등 조치에 대하여 집행정지 결정이 내려질 경우에는 반드시 피해학생 또는 그 보호자의 의견을 청취하는 절차를 거쳐야 한다(학교폭력예방법 제17조의4 제1항). 위 피해학생의 의견 청취 규정은 학교폭력예방법이 2023. 10. 24. 법률 제19741호로 일부개정되면서 신설되었고 2024. 3. 1.부터 시행되고 있다. 위 신설규정은 위 개정법 시행 이후 가해학생 또는 그 보호자가 제17조제1항에 따라 내린 조치에 대하여 이의를 제기하여

「행정심판법」에 따른 행정심판 청구 및 집행정지 신청을 하는 경우부터 적용된다(부 칙[2023.10.24. 제19741호]).

행정심판위원회는 학교폭력예방법 제17조의4 제1항 본문에 따라 피해학생 또는 그 보호자의 의견을 청취하는 경우에는 피해의 정도 및 결과, 가해학생에 대한 조치에 관한 의견, 그 밖에 해당 사건에 관한 의견을 진술할 기회를 주어야 한다. 행정심판위원회는 피해학생 또는 그 보호자가 가해학생 또는 그 보호자를 대면하여 진술할 경우 충분히 진술할 수 없다고 인정하는 경우에는 가해학생 또는 그 보호자를 퇴장하게 한 후 진술하게 하거나 피해학생 또는 그 보호자에게 서면으로 의견을 제출하게 할 수 있다. 피해학생의 의견 청취 절차는 처분에 앞서 당사자에게 진술권을 보장하고 대응 기회를 제공하는 의의가 있다. 행정의 공정성, 신뢰성을 확보하고 학교폭력사건 당사자의 권익 보호를 위한 중요한 절차라 할 수 있다. 만약 의견 청취 절차가 생략되거나 누락될 경우, 해당 집행정지결정은 절차적 위법이 있는 결정으로 보아야 한다. 행정심판법에는 즉시항고 규정이 존재하지 않으므로 결정의 위법성에 대해서는 소송으로써 다툴 수 있을 것이다.

한편 학교폭력예방법은 위 피해학생 또는 그 보호자의 의견을 청취하지 않을 수 있는 경우를 규정하고 있다. 피해학생 또는 그 보호자가 의견진술의 기회를 포기한다는 뜻을 명백히 표시한 경우, 피해학생 또는 그 보호자가 이미 해당 사건에 관하여 충분히 의견을 진술하여 다시 진술할 필요가 없다고 인정되는 경우, 그 밖에 행정심판위원회가 피해학생 또는 그 보호자의 의견청취가 현저히 곤란하다고 인정하는 경우가 그러하다. 의견청취의 예외사유는 피해학생의 진술권을 제한하는 것이므로 이를 해석함에 있어서는 근거법규에 따라 엄격히 집행되어야 한다.

교육감 또는 교육장은 행정심판위원회로부터 집행정지 신청 사실 및 그 결과를 통보받은 경우 피해학생 또는 그 보호자 및 피·가해학생의 소속 학교에 그 사실 및 결과를 통지하여야 한다. 교육장이 학교폭력예방법 제17조 제1항에 따라 **가해학생에게 내린** 피해학생에 대한 서면사과, 피해학생 및 신고·고발학생에 대한 접촉, 협박 및 보복행위(정보통신망을 이용한 행위를 포함한다)의 금지, 학교에서의 봉사, 사회봉사, 학내외 전문가, 교육감이 정한 기관에 의한 특별 교육이수 또는 심리치료, 출석정지, 학급교체, 전학, 퇴학처분 등 조치에 대하여 집행정지 신청이 인용된 경우, 피해학생 및 그 보호자는 학교의 장에게 가해학생과의 분리를 요청할 수 있다. 학교의 장은 전담기구 심의를 거쳐 소속 학급 내 자리 배치 변경, 동선 분리, 생활지도 계획 수립 등의 방법으로 피해학생 보호 뿐만 아니라 가해학생의 학습권이 침해되지 않는 방법으로 가해학생과 피해학생의 분리방법을 결정하여 피해학생, 가해학생 및 각 보호자에게 이를 통보하여야 한다.

7) 재결의 방식, 범위 및 기간

재결이란 행정심판의 청구에 대하여 행정심판위원회가 행하는 판단을 말한다. 행정심판법 제45조는 재결 기간에 관하여, 제46조는 재결의 방식에 관하여, 제47조는 재결의 범위에 관하여 아래와 같이 각 규정하고 있다.

행정심판법 제45조(재결 기간)

① 재결은 제23조에 따라 피청구인 또는 위원회가 심판청구서를 받은 날부터 60일 이내에 하여야 한다. 다만, 부득이한 사정이 있는 경우에는 위원장이 직권으로 30일을 연장할 수 있다.

---

② 위원장은 제1항 단서에 따라 재결 기간을 연장할 경우에는 재결 기간이 끝나기 7일 전까지 당사자에게 알려야 한다.

행정심판법 제46조(재결의 방식)

① 재결은 서면으로 한다.

② 제1항에 따른 재결서에는 다음 각 호의 사항이 포함되어야 한다.

    1. 사건번호와 사건명
    2. 당사자·대표자 또는 대리인의 이름과 주소
    3. 주문
    4. 청구의 취지
    5. 이유
    6. 재결한 날짜

③ 재결서에 적는 이유에는 주문 내용이 정당하다는 것을 인정할 수 있는 정도의 판단을 표시하여야 한다.

행정심판법 제47조(재결의 범위)

① 위원회는 심판청구의 대상이 되는 처분 또는 부작위 외의 사항에 대하여는 재결하지 못한다.

② 위원회는 심판청구의 대상이 되는 처분보다 청구인에게 불리한 재결을 하지 못한다.

재결은 서면으로 이루어진다. 재결서에는 사건번호, 당사자 인적사항 등 형식적 기재사항 뿐만 아니라 주문 내용이 정당하다는 것을 인정할 수 있는 정도의 판단이 표시된 이유가 포함되어야 한다. 행정심판위원회는 심판청구의 대상이 되는 처분에 국한하여 판단하여야 하고, 그 외의 사항에 대해서는 재결할 수 없다. 또한 행정심판위원회는 심판청구의 대상이 되는 처분보다 청구인에게 불리한 재결을 하지 못한다. 이를 위반한 재결은 재결 자체에 고유한 위법이 존재하는 경우이므로, 재결취소소송의 대상이 된다.

　재결은 원칙적으로 심판청구가 피청구인 또는 행정심판위원회에 접수된 날로부터 60일 이내에 하여야 하고, 부득이한 사정이 있는 때에는 30일을 연장할 수 있다. 다만, 재결기간과 관련하여 행정심판법에서는 재결기간을 도과한 경우의 효력이나 제재조치에 관하여 규정하고 있지 않으므로 이는 조속한 재결을 하도록 정한 훈시규정에 불과하다. 실무적으로는 사건의 수가 많이 접수되는 등의 사유로 처리가 다소 지연되는 경우가 있다.

8) 의의

행정심판은 행정소송과는 달리 대체로 절차가 신속 간편하게 진행되고 비용 측면에서도 절약되기 때문에, 국민의 입장에서 행정소송에 앞서 행정심판을 제기할 실익이 있을 수 있다. 그러나 통계적으로는 피해학생이 제기한 행정심판 사건의 인용률이 20%대에 그치고 있다. 섣불리 행정심판을 청구하기 보다는 법률전문가의 조력을 받아 진행하는 것이 여러모로 권장된다. 행정소송 절차까지 염두하면 더욱 그렇다.

　학교폭력 사건에 관한 불복절차는 행정심판 전치주의를 취하고 있지 않다. 불복 당사자는 행정소송을 제기하기에 앞서 반드시 행정심판 절차를 거쳐야 하는 것은 아니다. 필요시에는 행정심판을 거치지 않고 바로 행정소송을 제기할 수 있다. 행정심판 절차를 거칠 것인지 또는 행정소송을 할 것인지 등에 대한 판단은 사안의 구체적 경위, 다투고자 하는 쟁점, 당사자가 처한 상황 등에 따라 달라질 수 있다.

[사례 1 - 국민권익위원회(중앙) 2014-15848, 2015. 2. 13 [학교폭력 재심결정 취소청구]

행정심판절차에서 신청이 인용되는 재결 중 많은 경우는 절차적 위법이 존재하는 경우이다. 오직 원처분의 내용이 사안에 비추어 지나치게 경미하다거나 부당히 과다하다는 등의 처분 내용만을 다투어 인용 재결을 받는 경우는 흔하지 않다. 국민권익위원회(중앙) 2014-15848 재결은 비교적 오래된 사례이기는 하나, 절차적 위법이 아닌 처분 내용의 위법·부당함이 인정되었다는 점에서 의미가 있다.

국민권익위원회(중앙) 2014-15848, 2015. 2. 13
[학교폭력 재심결정 취소청구]

주문

피청구인이 2014. 7. 1. 청구인들에게 한 학교폭력 재심결정을 취소한다.

청구 취지

주문과 같다.

이유

1.사건개요

청구인들은 ○○고등학교에 재학 중인 학생들로서, 같은 학교에 재학 중인 장○○ (이하 '피해학생'이라 한다)은 2014. 4. 26. 청구인들이 피해학생을 제외하고 단체 카카오톡 대화방(이하 '카톡방'이라 한다)을 만들어 피해학생을 따돌리고 있다는 내용의 학교폭력 피해신고를 하였고, ○○고등학교 학교폭력대책자치위원회(이하 '자치위원회'라 한다)는 2014. 6. 3. '선도위원회로 이관'을 결정하였으며, ○○고 등학교 교장은 2014. 6. 10. 이를 청구인들에게 통보하였다. 피해학생의 부가 이에 불복하여 2014. 6. 16. 피청구인에게 재심청구를 하였고, 피청구인은 2014. 7. 1. 청구인들에 대해 '서면사과'를 결정(이하 '이 사건 처분'이라 한다)하였다.

2. 청구인들 주장

청구인들이 카톡방을 개설한 목적은 수학여행시 진실게임을 하기 위함이지 피 해학생을 괴롭힐 의도가 아니었으며, 피해학생에 대한 언급은 허위사실이 아니 라 피해학생의 폭력적 품행과 관련된 사실에 대해 우려를 표명한 것으로서 험담 에 해당하지 않고, 청구인들이 피해학생에게 괴로움을 줬다는 아무런 증거도 없 고, 청구인들은 피해학생과 원만한 관계를 회복하였음에도 이를 학교폭력으로 인정한 피청구인의 이 사건 처분은 사실을 오인하고 재량권을 일탈·남용한 것으 로서 위법·부당하다.

(중략)

6. 이 사건 처분의 위법·부당 여부

가. 관계법령

(생략)

나. 판단

「학교폭력예방 및 대책에 관한 법률 시행령」제19조에 따르면 법 제17조제1항의 조치별 적용 기준은 가해학생이 행사한 학교폭력의 심각성·지속성·고의성, 가해학생의 반성 정도, 가해학생 및 보호자와 피해학생 및 보호자 간의 화해 정도 등을 고려하여 적용하여야 하고, 특히 가해학생이 다수인 경우 지역위원회는 가해학생들의 행위가 이루어진 경위, 행위의 양태, 피해학생과 가해학생들의 관계 등을 종합적으로 살펴 각 가해학생의 행위에 상응하는 적절한 조치를 해야 할 의무가 있다고 할 것인데, 위 인정사실에 따르면, 청구인들은 피해학생만 초대되지 않은 카톡방에서 피해학생의 언행에 대해 불쾌하거나 서운했던 경험을 이야기했다는 사실에 대해서는 모두 인정하고 있으나, 자치위원회 개최 이전에 청구인들이 작성한 진술서와 재심청구 이후 작성한 의견서 등을 살펴보면, 청구인들 중에는 피해학생을 제외하고 카톡방을 개설하기로 도모하고 피해학생을 제외한 나머지 학생들을 초대하거나, 개설된 카톡방에서 피해학생의 언행에 대해 비교적 적극적으로 진술한 학생들이 있는 반면, 자신의 의지와 상관없이 위 카톡방에 초대되어 다른 친구들이 올린 글을 단순히 읽기만 하거나 혹은 동조하는 수준에 그친 학생도 있는 점, 또한 청구인들은 모두 직·간접적으로 피해학생으로부터 상처를 받은 경험이 있고, 피해학생을 괴롭히거나 험담하기 위한 목적으로 카톡방을 개설한 것이 아니며, 사건 이후 피해학생에게 사과하여 현재는 피해학생과 원만한 관계를 유지하고 있다고 일관되게 주장하고 있고, ○○고등학교 역시 피청구인에게 청구인들이 진심으로 뉘우치고 현재는 피해학생과 원만한 관계를 유지하고 있다는 취지의 의견서를 제출한 점, 자치위원회는 사실상 청구인들의 행위를 학교폭력에 해당하지 않는 것으로 보아 청구인들에게 「학교폭력예방 및 대책에 관한 법률」제17조제1항에 따른 조치가 아닌 '선도위원회로 이관'을 결정하였고, 피청구인은 자치위원회가 청구인들의 행위를 따돌림보다는 여학생들 간에 발생할 수 있는 미묘한 감정다툼으로 보았다면 '혐의 없음' 조치를 하는 것이 적합했음에도 '선도위원회로 이관' 조치를 한 것이 잘못되었으며 자치위원회를 다시 개최하는 것보다 지역위원회에서 조치를 하는 것이 더 좋을 것 같다는 이유만으로, 구체적 사실관계에 대해 확인하거나 청구인들의 각기 다른 행위 태양 및 경중을 구분하여 청구인들의 행위를 전부 사이버 따돌림에 해당한다고 볼 것인지 여부, 청구인들의 선도와 피해학생의 보호를 위해 가장 적절한 조치가 무엇인지 등에 대해 논의함 없이 청구인들 모두에게 동일한 '서면사과' 조치를 결정하였는바, 이는 「학교폭력예방 및 대책에 관한 법률 시행령」 제19조가 정한 학교폭력의 심각성·지속성·고의성, 가해학생의 반성 정도 및 선도 가능성, 가해학생과 피해학생 간의 화해의 정도 등을 고려한 결정이라고 보기 어려운 점 등을 종합하여 볼 때, 피청구인이 추후 회의를 다시 개최하여 청구인들의 행위를 모두 학교폭력에 해당한다고 볼 것인지 여부 등에 대하여 다시 결정할 수 있음은 별론으로 하고, **피청구인이 청구인들에게 한 이 사건 처분은 충분한 심의가 이루어져 합리성과 타당성을 갖추었다고 보기 어려우므로 위법·부당하다.**

7. 결론
그렇다면 청구인들의 주장을 인정할 수 있으므로 청구인들의 청구를 받아들이기로 하여 주문과 같이 재결한다.

위 사례는 청구인들(가해학생으로 지목된 자들)이 피해학생을 제외하고 단체 카카오톡 대화방을 만들어 피해학생을 따돌리고 있다는 내용의 학교폭력 피해신고가 있었던 경우이다. ○○고등학교 학교폭력대책자치위원회는 사실상 청구인들의 행위를 학교폭력에 해당하지 않는 것으로 보았음에도 혐의없음 조치를 하지 않고 '선도위원회로 이관'을 결정하였다. 선도위원회는 청구인들 중 적극가담자에 대하여 교내봉사 5일을, 나머지 소극적가담자에 대하여 교내봉사 3일을 결정하였다.

그러자 피해학생의 부가 이에 불복하여 피청구인에게 재심청구를 하였다. 피청구인은 2014. 7. 1. 위 재심청구에 관한 회의를 개최하고, 피해학생의 괴로움에 대한 청구인들의 진정성 있는 사과와 반성이 필요하다는 이유로 청구인들에게 '서면사과' 조치를 부과하는 내용의 이 사건 처분을 결정하였다.

이에 대하여 청구인들은 카카오톡 대화방은 따돌릴 의도로 만들어진 것이 아니고, 피해학생에 대한 언급은 험담이 아니며, 피해학생에게 괴로움을 줬다는 증거도 없고, 서로 원만한 관계를 회복하였다고 주장하였다. 또한 청구인들의 행위를 학교폭력으로 인정한 피청구인의 이 사건 처분은 사실을 오인하고 재량권을 일탈·남용한 것으로서 위법·부당하다고 주장하면서 피청구인의 처분에 불복하는 행정심판을 청구하였다.

국민권익위원회는 피청구인의 처분이 학교폭력의 심각성·지속성·고의성, 가해학생의 반성 정도 및 선도 가능성, 가해학생과 피해학생 간의 화해의 정도 등을 고려한 결정이라고 보기 어려운 점 등을 종합하여 볼 때, 피청구인이 청구인들에게 한 이 사건 처분은 충분한 심의가 이루어져 합리성과 타당성을 갖추었다고 보기 어려우므로 위법·부당하다고 결정하였다.

위 사례는 청구인들이 가해학생임을 전제로 하여 내려진 피신청인의 '서면사과' 처분에 대하여, **청구인들의 행위가 사이버 따돌림에 해당하는지 여부에 대한 심의가 충분하지 않고 처분의 내용 자체가 합리성, 타당성을 갖추지 못하였기 때문에 위 처분이 위법·부당하다는** 신청인들의 주장이 받아들여진 케이스이다. 한마디로 위 재결은 피신청인의 판단 근거만을 놓고 보면 학교폭력 해당 여부 자체가 인정되기에 부족하다는 점을 내포하는 결정이라 할 수 있다. 행정심판 청구사건에서 심리과정의 불충분성 등을 이유로 처분의 실체적 위법 부당성을 다투는 주장을 전개하는 방법 등을 참고해 볼 수 있는 사례라 할 것이다[3].

---

3   위 사례는 학교폭력예방법의 신고절차 등이 개정되기 이전의 구 학교폭력예방법을 기초로 한 것이므로, 신고 기관, 불복절차 등이 현행법과 일부 차이가 있음은 별론으로 한다. 이하 동일.

[사례 2 - 국민권익위원회(중앙) 행심2012-3, 2012. 9. 25 학교폭력 가해학생 징계(교내봉사 등) 처분 취소청구]

피청구인의 처분의 정도가 타 학교 폭력 사건에 대한 처분과 비교하여 과다하다는 이유로 처분의 수위를 감경한 사례를 소개한다.

국민권익위원회(중앙) 국민권익위원회(중앙) 행심2012-3, 2012. 9. 25
[학교폭력 가해학생 징계(교내봉사 등) 처분 취소청구]

주문
피청구인이 2012. 7. 20. 청구인에게 한 처분 중 '피해학생에 대한 서면사과' 부분은 취소하고, '교내봉사 20시간'과 '특별교육이수(학생: 5일간 30시간이내, 보호자: 4시간 이내)' 부분은 그 시간 수를 1/2로 감경하여 '교내봉사 10시간'과 '특별교육이수(학생:15시간, 보호자: 2시간)'으로 변경한다.

청구 취지
피청구인이 2012년 7월 20일 청구인에 대하여 한 교내 봉사, 서면사과 처분은 이를 취소한다.

이유

1. 사건개요
가. 2012. 6. 13. oo초등학교 5-4반 강oo(피해학생)은 5-5반 이oo(가해학생)와 그 친구들이 한 욕설 전화 및 문자메시지로 인하여 정신적인 충격을 받고 117학교폭력긴급지원센터(이하 '117센터'라고 한다)에 신고하였다.(당일 신고는 피해학생

의 어머니가 보류하였으나 2012.6.16. 피해학생의 아버지가 다시 신고함)

나. 피청구인은 2012. 6. 14. 피해학생의 학부모와 상담한 담임교사의 보고와 피해학생의 아버지로부터 위와 같은 사실을 먼저 들은 oo초등학교장의 전화연락 등을 통해 이 건 학교폭력 사실을 인지하고 2012. 6. 15. 학교폭력사건으로 접수하여 2012. 6. 20. 학교폭력대책자치위원회(이하 '자치위원회'라 한다)를 개최하였다.

다. 자치위원회는 학교폭력예방 및 대책에 관한 법률(이하 '학교폭력예방법'이라 한다) 제17조제1항에 따라 가해학생에 대하여 제1호 피해학생에 대한 서면사과와 제3호 교내봉사, 그리고 제5호 특별교육이수(가해학생 5일간(30시간 이내) 및 학부모(4시간이내))의 조치를 할 것을 피청구인에게 요청하였고, 피청구인은 이와 같은 조치 사항을 2012. 6. 26. 청구인에게 서면 교부하였다.

라. 자치위원회는 2012. 7. 18. 회의를 다시 개최하여 가해학생에 대한「교내봉사」부분을 구체적으로「교내봉사, 2012. 8. 1.부터 8. 14.까지(토, 일 제외), 10일간, 1일 2시간씩, 20시간」로 재결정하여 피청구인에게 요청하였고, 피청구인은 이 사항을 2012. 7. 20. 청구인에게 서면으로 통보하였다.

2. 청구인 주장
가. 이 사건은 피해학생의 부모와 지인 관계인 oo초등학교장이 피청구인에게 전화하여 사건화 시킨 것으로 그 배경이 의도적일뿐만 아니라, 2012. 6. 14. 학교에서 청구인 부모에게 동의를 구하지 않고 통보도 없이 위협적이고 강압적인 분위기에서 청구인의 인권을 무시하고 부당한 조사를 하였으며, 청구인의 부모는 원만한 해결을 위해 학교에 중재를 요청하는 의사를 전달하였으나, 학교에서는 조정의 노력을 기울이지 않고 이 사건을 처음부터 의도적으로 사건화 하였다.

나. 학교폭력의 사안이 중대하다고 판단되는 경우에(학생 간 발생한 상해, 폭행, 감금, 협박, 약취, 유인, 명예훼손, 모욕, 공갈, 강요, 강제적 심부름 및 성폭력, 따돌림, 정보통신망을 이용한 음란, 폭력 정보 등에 의하여 신체, 정신 또는 재산상 피해를 수반하는 행위) 자치위원회를 열수 있으나, 이 건은 위의 어디에도 해당되지 않으므로 이는 학교장의 직권남용이거나 학교장과 피해학부모와의 결탁으로 볼 수밖에 없다. 그리고 이 사건을 진행함에 있어 절차나 통보가 제대로 이루어지지 않고 피해학생 측의 요구대로 움직였다(2012. 6. 14. 학교에 학교폭력신고, 2012.6.16. 피해자 아버지 117센터, 2012. 6. 20. 자치위원회 개최, 2012.7.17. 경찰서에서 청구인 조사).

다. 이 사건은 피해학생이 피해를 입은 정황이나 증거가 없음에도 청구인에게 처벌을 내린 것이다. 즉, 청구인에게 뚜렷한 잘못이 있음을 아무도 제시하지 못하면서 잘못을 인정하고 반성하라며 봉사처분을 하고 청구인 측의 증인이 있음에도 이를 묵살하고 피해자의 말만 인정하여 내린 부당한 처분이다.

(중략)

6. 이 사건 처분의 위법·부당 여부

가. 관계법령

(생략)

나. 판단

1) 피해학생은 이 사건이 발생하기까지 1년 3개월 동안 청구인의 요구에 의해 샤프, 과자 등의 물건을 사주고, 강제적인 심부름을 한 사실이 있었으며 그렇게 하지 않을 경우 청구인에 의해 따돌림을 당할 것을 두려워하는 중 2012. 6. 13.에는 가해자로부터 심한 욕설 및 문자메세지를 접하고 충격과 두려움을 느껴 117센터에 신

고를 하였다는 것이다. 여기에서 볼 수 있는 청구인의 행위는 모욕, 강요·강제적인 심부름 등에 해당하는 것으로 이로 인해 피해학생이 정신적인 피해를 입었으므로 그 행위는 이 법에서 정의하고 있는 학교폭력의 범주에 속하는 것이 분명하다 할 것이다.

2) 청구인은 피해학생의 부모와 지인 관계인 oo초등학교장이 피청구인에게 전화하여 이 사안을 의도적으로 사건화 하였다고 주장하고 있으나「학교폭력예방법」제20조제1항은 "학교폭력 현장을 보거나 그 사실을 알게 된 자는 학교 등 관계 기관에 이를 즉시 신고하여야 한다."라고 규정하고 있는바, 어떤 경로에서든 이 사건 학교폭력사실을 알게 된 oo초등학교장이 피청구인에게 전화로 그것을 알린 것은 법이 정한 신고의무를 이행한 것이므로 문제될 것이 없다.

3) 이 사건 처분은 피해학생의 담임교사가 이 사건 사안을 조사하기 전에 청구인의 학부모에게 사전 통지 하지 않은 등의 흠결은 있으나, 조사를 받은 후 귀가한 청구인을 통하여 그 학부모는 이 사건 사실을 당일 바로 알게 되었고, 피청구인은 그 후 자치위원회를 열어 청구인과 청구인의 학부모에게 의견진술 기회를 부여 하였으므로 그 흠결은 치유된 것으로 보이며 그밖에 절차상 문제는 없으므로 이 사건 처분의 처리과정은 적법하다고 판단된다.

4) 2012. 6. 20. 열렸던 자치위원회의 회의록에는 청구인은 6. 13. 자신이 한 욕설 이외는 인정하지 않고 있으며, 잘못에 대해 명확하게 설명해주는 것도 없고 심지어 자치위원회 결과통지서를 교부하면서도 처분사유에 대해 구체적으로 적시한바가 없다. 이에 따라 청구인은 이 사건 처분을 기꺼이 받아들이지 못하는 입장이므로 청구인에 대한 이 사건 처분 중 "서면사과" 부분은 처분으로서 부적합하다. 강요된 사과는 사과로서의 의미가 없고 비교육적 일뿐만 아니라 오히려 양심의 자유라는 헌법상 기본권 침해의 우려가 있기 때문이다.

따라서, 그 외의 처분은 자치위원회의 재량에 속하므로 처분 자체는 문제가 없으나 그 처분시간 수가 다른 학교 폭력 사건에 대한 처분과 비교 해볼 때 다소 과다하다고 생각되는바 그 처분시간 수를 1/2로 감경하는 것이 타당하다고 판단된다.

7. 결론
그렇다면 청구인의 청구 중 서면사과 부분은 취소하고 '교내봉사 20시간'과 '특별 교육이수(학생:30시간 이내, 보호자: 4시간 이내)' 부분은 그 시간 수를 1/2로 감경하여 '교내봉사 10시간'과 '특별교육이수(학생:15시간, 보호자: 2시간)'으로 변경 처분하기로 하여 위원들의 일치된 의견으로 주문과 같이 재결한다.

사안에서 가해학생으로 지목된 청구인은 약 1년 3개월 동안 피해학생에게 샤프, 과자 등의 물건을 사오라는 요구를 하였고 강제적인 심부름을 시켰다. 피해학생은 청구인의 요구에 따르지 않을 경우 청구인에 의해 따돌림을 당할 것을 두려워하는 중 2012. 6. 13.에는 청구인으로부터 심한 욕설 및 문자메세지를 접하고 충격과 두려움을 느껴 117센터에 신고를 하였다.

그 후 교내의 피해학생 담임교사 및 가해학생 담임교사 등에 의하여 청구인, 주변학생, 보호자 등을 면담하였다. 교감은 2012. 6. 15. 피해학생 학부모에게 전화로 청구인의 학부모와 화해할 것을 요청하였으나 피해학생 학부모는 이를 거절하였다. 교감은 2012. 6. 18. 재차 피해학생 아버지에게 전화하여 화해할 것을 권유하였으나, 피해학생 아버지는 이를 거절하였다.

청구인의 담임교사와 청구인의 어머니는 2012. 6. 19. 15:30경 상담을 하였다. 피청구인은 2012. 6. 20.과 2012. 7. 18.에 자치위원회를 개최하여 가해학생에 대하여 피해학생에 대한 서면사과, 2012. 8. 1.부터 8. 14.까지(토, 일 제외), 10일간, 1일 2시간씩, 20시간의 교내봉사, 가해학생 5일간(30시간 이내) 및 학부모(4시간이내)의 특별교육이수 처분을 하였다.

이번 사례는 [사례 1]과는 달리 가해학생의 피해학생에 대한 행위가 학교폭력 범주에 속한다는 점이 인정되었다. 신청인은 절차적 하자가 존재한다고 주장하였으나, 피신청인의 처분의 처리과정은 적법하여 절차적 하자는 존재하지 않는다고 판단되었다.

사안의 쟁점은 피신청인이 내린 위 처분의 내용이 동종사건과 비교하여 부당히 과다한지 여부에 있다. 국민권익위원회는 피신청인의 처분 중 '서면사과'는 강요된 사과로서 양심의 자유 침해 우려가 있어 처분으로서 부적합하다고 판단하였다. 기타 처분에 대해서는 처분 자체에는 문제가 없지만 처분의 수위가 타 학교 폭력 사건 대비 과다하여 처분시간 수를 절반으로 감경하였다. 처분 자체가 적법한 경우에도 그 처분의 수위가 지나치게 과다하다는 이유로 한 처분 감경 주장이 받아들여진 사례로서 의미가 있다.

[사례 3 – 중앙행정심판위원회 재결 2013-XXXXX[4], 학교폭력 재심 결정 취소청구]

중앙행정심판위원회 재결 2013-XXXXX[1], [학교폭력 재심결정 취소청구]

주문

피청구인이 2013. 5. O. 청구외 정OO, 임OO에게 한 학교폭력 재심결정을 취소한다.

청구 취지

주문과 같다.

이유

1. 사건개요

청구인은 OO여자중학교에 재학하였던 고 박OO(이하 '피해학생'이라 한다)의 모로서, 피해학생은 2013. 3. O. OO광역시 O구 OO로 OO길 O-O에 있는 자택 3층 건물(이하'피해학생의 주거지'라 한다) 옥상에서 스스로 뛰어 내려 사망하였고, 동 사망사건의 사고원인을 수사하였던 OO경찰서장은 2013. 4. O. OO여자중학교장에게 피해학생이 같은 학교에 재학 중인 정OO, 임OO, 강OO, 송OO(이하 '가해학생들'이라 한다)의 따돌림에 두려움을 느끼고 자살하였다는 내용의 학교폭력 피해사실을 통보하였으며, 이에 OO여자중학교 학교폭력대책자치위원회(이하 '자치위원회'라 한다)는 2013. 4. O. 가해학생들에게 '학교에서의 봉사'를 결정하였고, 청구인은 자치위원회의 결정에 불복하여 2013. 4. O. 피청구인에게 가해학생들 중 정OO와 임OO에 대해 재심을 청구하였으

1 　　사건번호가 비공개이므로 XXXXX 라고 표시함

4 　　사건번호가 비공개이므로 XXXXX 라고 표시함

며, 피청구인은 2013. 5. O. 위 재심청구에 대해 '가해학생의 학교폭력의 심각성, 반성정도 등을 감안한다'는 이유로 청구외 임OO에 대하여는 기각하고, 청구외 정OO에 대하여는 자치위원회 결정외에 '학내외 전문가에 의한 특별교육 이수 또는 심리치료'를 추가하는 결정(이하 '이 사건 처분'이라 한다)을 하였다.

2. 청구인 주장

피청구인은 가해학생인 임OO과 정OO가 전혀 반성을 하고 있지 않음에도 불구하고 왜곡·조작된 자치위원회의 회의록 등에 근거하여 형식적으로 회의를 개최한 후 이 사건 처분을 하였으므로 집단따돌림으로 자살한 피해학생의 넋을 위로하기 위해서라도 이 사건 처분을 취소하고 가해학생 임OO과 정OO에게 전학 등의 강력한 조치를 하여야 한다.

(중략)

6. 이 사건 처분의 위법·부당 여부

가. 관계법령

(생략)

나. 판단

청구인은 피청구인이 가해학생인 임OO과 정OO가 전혀 반성을 하고 있지 않음에도 불구하고 왜곡·조작된 자치위원회의 회의록 등에 근거하여 형식적으로 회의를 개최한 후 이 사건 처분을 하였으므로 집단따돌림으로 자살한 피해학생의 넋을 위로하기 위해서라도 이 사건 처분을 취소하고 가해학생 임OO과 정OO에게 전학 등의 강력한 조치를 하여야 한다고 주장하므로 살펴본다. 위 인정사실에 의하면 당초 자치위원회는 가해학생들에 대하여 '학교에서의 봉사'를 결정하였고, 피청구인은 가해학생들 중 재심청구의 대상이 된 임OO, 정OO 중 청구외 정OO에 대하여만 자치위원회 결정에 더하여 '학내외 전문가에 의한 특별교육이수 또는 심리치료'를 결정하였는바, 피해학생의 사망(자살) 원인이 가해학생들의 집단적·지속적인 학교폭력으로 인해 발생하였다고 볼 자료는 부족하나 가해학생들 중 청구외 임○○과 정○○가 피해학생에게 몰래 험담을 한 사실이 있었고, 청구외 정○○와 피해학생간의 그림표절 시비가 원인이 되어 피해학생과 가해학생들과의 사이가 나빠진 점이 인정되며, 이로 인해 초등학교 때부터 집단따돌림으로 정서적으로 불안정하고 자극에 취약한 심리적 기반을 지닌 피해학생이 친구들의 따돌림에 두려움을 느껴 피해학생의 주거지 옥상에서 스스로 뛰어내려 사망하는 등 피해의 정도가 중한 점, 그럼에도 불구하고 당사자 간에 원만한 합의가 이루어진 사실이 없으며 갈등이 지속되고 있는 점 등을 종합하여 고려할 때 피청구인이 청구외 임○○에 대해서는 재심청구를 기각하고, 청구외 정○○에 대해서는 당초 자치위원회의 '학교에서의 봉사' 결정에 '학내외 전문가에 의한 특별교육이수 또는 심리치료'만을 추가하는 것으로 결정한 것은 동 학교폭력으로 인한 피해의 정도 등을 감안하지 않은 부족한 제재 조치로서 「학교폭력예방 및 대책에 관한 법률 시행령」 제19조에 따른 학교폭력의 심각성·지속성·고의성, 가해학생의 반성 정도, 가해학생 및 보호자와 피해학생 및 보호자 간의 화해의 정도 등 가해학생에 대한 조치별 적용 기준을 고려하여 결정하였다고 할 수 없으므로 피청구인의 이 사건 처분은 재량권의 일탈·남용으로 위법·부당하다.

이번에는 피청구인의 처분의 정도가 사건의 중함에 비하여 부족한 제재 조치라는 이유로 처분이 재량권의 일탈·남용으로 위법·부당하다고 인정되어 처분 자체가 취소된 사례를 소개한다.

이 사건은 피해학생이 따돌림에 두려움을 느끼고 자살한 후, 피해학생의 모가 피청구인의 가해학생들에 대한 처분에 불복하여 처분취소소송을 제기한 경우이다[5]. 피해학생이 집단따돌림으로 인해 자살로써 생을 마감하는 비극이 일어난 사안의 중대성에 비하여 가해학생들에 대해서 가벼운 처분이 내려졌다는 것이 이 사건의 주요 쟁점이다.

당초 ○○여자중학교 학교폭력대책자치위원회는 가해학생들에게 '학교에서의 봉사'만을 결정하였다. 청구인은 위 결정에 불복하여 피청구인에게 가해학생들 중 2인에 대해 재심을 청구하였다. 피청구인은 그 중 1인에 대하여만 '학내외 전문가에 의한 특별교육이수 또는 심리치료'를 추가하는 결정을 하였다.

중앙행정심판위원회는 위 가해학생들 중 2인의 험담, 시비, 관계악화 등으로 인해 피해학생이 따돌림에 두려움을 느껴 피해학생의 주거지 옥상에서 스스로 뛰어내려 사망하는 등 피해의 정도가 중함을 인정하였다. 이에 비하여 피청구인의 결정은 학교폭력으로 인한 피해의 정도 등을 감안하지 않은 부족한 제재 조치라고 판단하였다. 피청구인의 결정은 구 학교폭력예방법 제19조에 따른 가해학생에 대한 조치별 적용 기준을 고려하여 결정하였다고 할 수 없어 재량권 일탈·남용으로 위법·부당하여 처분 자체가 전부 취소되었다.

학교폭력 사건에서 행정청의 재량권 일탈·남용을 이유로 위법·부당성이 인정된 사례이자, 처분의 수위가 사안의 중대성에 비하여 부족한 제재 조치라는 점이 인정된 사례로서 의미가 있다.

---

5   위 사례에 적용된 구 학교폭력예방법은 현행법과는 달리 재심이라는 절차가 있어 피해학생은 피해학생 보호조치와 가해학생에 대한 조치에 대해 재심으로 불복할 수 있었으나, 개정된 현행법은 재심절차가 없어졌다. 현행법에서는 행정심판 또는 행정소송으로 불복할 수 있다.

나. 행정소송

1) 정의

행정소송이란 행정청의 위법한 처분 그 밖에 공권력의 행사·불행사 등으로 인한 국민의 권리 또는 이익의 침해를 구제하고, 공법상의 권리관계 또는 법적용에 관한 다툼을 적정하게 해결하기 위하여 법원이 행하는 재판절차이다. 행정소송의 절차는 행정소송법에서 규율한다.

2) 근거법령

학교폭력예방법은 제17조의3에서 교육장이 행정청으로서 학교폭력 가해학생 또는 피해학생에 대해 내린 조치에 대한 행정소송 불복절차에 관하여 아래와 같이 규정하고 있다.

학교폭력예방법 제17조의3(행정소송)

① 교육장이 제16조제1항 및 제17조제1항에 따라 내린 조치에 대하여 이의가 있는 피해학생 또는 그 보호자는 「행정소송법」에 따른 행정소송을 제기할 수 있다.

② 교육장이 제17조제1항에 따라 내린 조치에 대하여 이의가 있는 가해학생 또는 그 보호자는 「행정소송법」에 따른 행정소송을 제기할 수 있다.

③ 교육장은 피·가해학생 또는 그 보호자 및 피·가해학생의 소속 학교에 제1항 및 제2항에 따른 행정소송의 제기 사실을 통지하고 「행정소송법」 제16조에 따른 소송참가에 관한 사항을 문서로 안내하여야 한다.

④ 제1항 및 제2항에 따른 행정소송 제기에 필요한 사항은 「행정소송법」을 준용한다.

---

3) 청구권자 및 청구대상

피해학생 또는 그 보호자는 교육장이 학교폭력예방법 제16조 제1항에 따라 **피해학생에게 내린** 학내외 전문가에 의한 심리상담 및 조언, 일시보호, 치료 및 치료를 위한 요양, 학급교체, 그 밖에 피해학생의 보호를 위한 조치에 대하여 행정소송을 제기할 수 있다(학교폭력예방법 제17조의3 제1항).

피해학생 또는 그 보호자는 교육장이 학교폭력예방법 제17조 제1항에 따라 **가해학생에게 내린** 피해학생에 대한 서면사과, 피해학생 및 신고·고발 학생에 대한 접촉, 협박 및 보복행위(정보통신망을 이용한 행위를 포함한다)의 금지, 학교에서의 봉사, 사회봉사, 학내외 전문가, 교육감이 정한 기관에 의한 특별 교육이수 또는 심리치료, 출석정지, 학급교체, 전학, 퇴학처분 등 조치에 대하여 행정소송을 제기할 수 있다(학교폭력예방법 제17조의3 제1항).

반면 가해학생 또는 그 보호자는 교육장이 학교폭력예방법 제17조 제1항에 따라 **가해학생에게 내린** 피해학생에 대한 서면사과, 피해학생 및 신고·고발 학생에 대한 접촉, 협박 및 보복행위(정보통신망을 이용한 행위를 포함한다)의 금지, 학교에서의 봉사, 사회봉사, 학내외 전문가, 교육감이 정한 기관에 의한 특별 교육이수 또는 심리치료, 출석정지, 학급교체, 전학, 퇴학처분 등 조치에 대하여만 행정소송을 제기할 수 있다(학교폭력예방법 제17조의3 제2항).

즉, 피해학생 또는 그 보호자는 피해학생 본인에게 내려진 보호 조치 뿐만 아니라 가해학생에 대한 조치에 대해서도 행정소송을 제기할 수 있지만, 가해학생 또는 그 보호자는 가해학생 본인에 대한 조치에 대해서만 행정소송을 제기할 수 있다는 차이점이 있다.

원고는 처분의 취소 또는 무효를 구하는 학생 본인이다. 피고는 교육장이다.

4) 행정소송의 구분 및 대상

행정소송은 크게 항고소송, 당사자소송, 민중소송, 기관소송으로 구분된다. 이 중 항고소송은 행정청의 처분등이나 부작위에 대하여 제기하는 소송을 의미한다. 항고소송은 행정청의 위법한 처분등을 취소 또는 변경을 구하는 취소소송, 행정청의 처분등의 효력 유무 또는 존재여부의 확인을 구하는 무효등 확인소송, 행정청의 부작위가 위법하다는 것을 확인하는 부작위위법확인소송으로 구분된다.

학교폭력 사안에서 교육장의 처분에 불복하는 행정소송은 대부분 항고소송 중 취소소송으로 진행되고 있다. 취소소송은 처분등을 대상으로 하나, 행정심판 결과에 불복하는 재결취소소송의 경우에는 재결 자체에 고유한 위법이 있음을 이유로 하는 경우에 한한다.

5) 행정심판과의 관계

행정소송법 제18조는 취소소송과 행정심판의 관계에 관하여 아래와 같이 규정하고 있다.

행정소송법 제18조(행정심판과의 관계)

① 취소소송은 법령의 규정에 의하여 당해 처분에 대한 행정심판을 제기할 수 있는 경우에도 이를 거치지 아니하고 제기할 수 있다. 다만, 다른 법률에 당해 처분에 대한 행정심판의 재결을 거치지 아니하면 취소소송을 제기할 수 없다는 규정이 있는 때에는 그러하지 아니하다.

행정소송 중 취소소송은 원칙적으로 행정심판을 거치지 않더라도 곧바로 법원에 제기할 수 있다. 단, 다른 법률에서 행정심판전치주의가 규정된 경우라면 이에 따라야 한다.

학교폭력예방법은 교육장의 처분에 대한 행정심판의 재결을 거치지 아니하면 행정소송(취소소송)을 제기할 수 없다는 점이 규정되어 있지 아니하다. 따라서 학교폭력 사건의 경우 제기권자의 선택에 따라 행정심판 또는 행정소송을 택일적으로 제기하는 것이 가능하다.

6) 제소기간

행정소송법은 제20조에서 취소소송의 제소기간에 관하여 아래와 같이 규정하고 있다.

행정소송법 제20조(제소기간)

① 취소소송은 처분등이 있음을 안 날부터 90일 이내에 제기하여야 한다. 다만, 제18조제1항 단서에 규정한 경우와 그 밖에 행정심판청구를 할 수 있는 경우 또는 행정청이 행정심판청구를 할 수 있다고 잘못 알린 경우에 행정심판청구가 있은 때의 기간은 재결서의 정본을 송달받은 날부터 기산한다.

② 취소소송은 처분등이 있은 날부터 1년(제1항 단서의 경우는 재결이 있은 날부터 1년)을 경과하면 이를 제기하지 못한다. 다만, 정당한 사유가 있는 때에는 그러하지 아니하다.

③ 제1항의 규정에 의한 기간은 불변기간으로 한다.

취소소송은 교육장의 ①처분이 있음을 알게 된 날부터 90일 이내 및 ②처분이 있었던 날부터 1년 이내에만 제기할 수 있다. ①, ②은 모두 충족되어야 하고, 만약 이 중 어느 하나라도 기간이 도과하면 더 이상 취소소송을 제기할 수 없다. 만약 행정심판을 우선 거친 후 행정소송을 제기하는 경우에는 ②처분이 있었던 날이 아니라 행정심판 재결서의 정본을 송달받은 날부터 1년의 기간을 계산한다.

①'처분이 있음을 알게 된 날'이란 통지·공고 기타의 방법으로 처분이 있었음을 현실적으로 안 날을 의미하고, ②'처분이 있었던 날'은 처분이 외부에 표시되어 그 효력이 발생한 날, 즉 교육장의 조치결정 통보서가 당사자에게 도달하여 해당 조치가 성립한 날을 의미한다는 점은 행정심판의 경우와 같다.

한편 무효확인청구는 청구기간의 제약을 받지 않지만, 처분의 효력이 없다는 점이 인정되려면 그 처분의 위법성이 중대하고 명백한 경우에 해당하여야 함은 행정심판의 경우와 같다. 실무적으로 청구기간이 도과된 경우 차선책으로 무효확인을 청구하는 경우가 있으나, 처분 자체에 중대하고 명백한 위법이 있어 처분의 효력이 부정되어야 하는 경우가 아니라면 원하는 결과를 기대하기는 어려운 것이라는 점 역시 행정심판의 경우와 같다.

7) 집행정지

집행정지란, 취소소송이 제기된 경우에 처분등이나 그 집행 또는 절차의 속행으로 인하여 생길 회복하기 어려운 손해를 예방하기 위하여 긴급한 필요가 있다고 인정할 때에는 본안이 계속되고 있는 법원이 소송당사자의 신청 또는 직권에 의하여 처분등의 효력이나 그 집행 또는 절차의 속행의 전부 또는 일부를 정지시키는 것이다.

취소소송의 제기는 처분등의 효력이나 그 집행 또는 절차의 속행에 영향을 주지 않는다. 즉, 교육장의 처분에 대한 취소소송를 제기한다고 해서 청구의 대상이 된 처분의 효력이 당연히 정지되는 것은 아니다. 처분의 효력, 처분의 집행 또는 절차 속행의 정지를 구하려면 소송상 집행정지의 결정을 신청할 필요가 있다.

행정소송법 제23조 및 제24조, 학교폭력예방법 제17조의4, 행정소송규칙 제10조의2 및 제13조는 집행정지에 관하여 아래와 같이 규정하고 있다.

행정소송법 제23조(집행정지)

① 취소소송의 제기는 처분등의 효력이나 그 집행 또는 절차의 속행에 영향을 주지 아니한다.

② 취소소송이 제기된 경우에 처분등이나 그 집행 또는 절차의 속행으로 인하여 생길 회복하기 어려운 손해를 예방하기 위하여 긴급한 필요가 있다고 인정할 때에는 본안이 계속되고 있는 법원은 당사자의 신청 또는 직권에 의하여 처분등의 효력이나 그 집행 또는 절차의 속행의 전부 또는 일부의 정지(이하 "집행정지"라 한다)를 결정할 수 있다. 다만, 처분의 효력정지는 처분등의 집행 또는 절차의 속행을 정지함으로써 목적을 달성할 수 있는 경우에는 허용되지 아니한다.

③ 집행정지는 공공복리에 중대한 영향을 미칠 우려가 있을 때에는 허용되지 아니한다.

④ 제2항의 규정에 의한 집행정지의 결정을 신청함에 있어서는 그 이유에 대한 소명이 있어야 한다.

---

⑤ 제2항의 규정에 의한 집행정지의 결정 또는 기각의 결정에 대하여는 즉시항 고할 수 있다. 이 경우 집행정지의 결정에 대한 즉시항고에는 결정의 집행을 정지하는 효력이 없다.

⑥ 제30조제1항의 규정[1]은 제2항의 규정에 의한 집행정지의 결정에 이를 준용 한다.

행정소송법 제24조(집행정지의 취소)

① 집행정지의 결정이 확정된 후 집행정지가 공공복리에 중대한 영향을 미치거 나 그 정지사유가 없어진 때에는 당사자의 신청 또는 직권에 의하여 결정으 로써 집행정지의 결정을 취소할 수 있다.

② 제1항의 규정에 의한 집행정지결정의 취소결정과 이에 대한 불복의 경우에는 제23조제4항 및 제5항의 규정을 준용한다.

학교폭력예방법 제17조의4(집행정지)

① 행정심판위원회 및 법원이 제17조제1항에 따른 조치에 대하여 「행정심판법」 제30조 또는 「행정소송법」 제23조에 따른 집행정지 결정을 하려는 경우에 는 피해학생 또는 그 보호자의 의견을 청취하여야 한다.

---

1   행정소송법 제30조 제1항: 처분등을 취소하는 확정판결은 그 사건에 관하여 당사 자인 행정청과 그 밖의 관계행정청을 기속한다.

다만, 피해학생 또는 그 보호자가 의견진술의 기회를 포기한다는 뜻을 명백히 표시한 경우 등에는 의견청취를 아니할 수 있다.

② 교육감 또는 교육장은 행정심판위원회 또는 법원으로부터 집행정지 신청 사실 및 그 결과를 통보받은 경우 피해학생 또는 그 보호자 및 피·가해학생의 소속 학교에 그 사실 및 결과를 통지하여야 한다.

③ 제17조제1항에 따른 조치에 대한 집행정지 신청이 인용된 경우, 피해학생 및 그 보호자는 학교의 장에게 가해학생과의 분리를 요청할 수 있고, 학교의 장은 전담기구 심의를 거쳐 가해학생과 피해학생을 분리하여야 한다.

④ 제1항에 따른 의견청취의 절차, 방법, 예외 등에 필요한 사항은 「행정심판법」 제30조에 따른 집행정지의 경우에는 대통령령으로 정하고, 「행정소송법」 제23조에 따른 집행정지의 경우에는 대법원규칙으로 정한다.

행정소송규칙 제10조의2(「학교폭력예방 및 대책에 관한 법률」
제17조의4에 따른 집행정지 시 의견 청취)

① 법원이 「학교폭력예방 및 대책에 관한 법률」 제17조의4제1항에 따라 집행정지 결정을 하기 위하여 피해학생 또는 그 보호자(이하 이 조에서 "피해학생 등"이라 한다)의 의견을 청취하여야 하는 경우에는 심문기일을 지정하여 피해학생등의 의견을 청취하는 방법으로 한다. 다만, 특별한 사정이 있는 경우에는 기한을 정하여 피해학생등에게 의견의 진술을 갈음하는 의견서를 제출하게 하는 방법으로 할 수 있다.

② 법원은 제1항에 따른 의견청취 절차를 진행하기 위하여 필요한 경우에는 집행정지 결정의 대상이 되는 처분등을 한 행정청에 피해학생등의 송달받을 장소

나 연락처, 의견진술 관련 의사 등에 관한 자료를 제출할 것을 요구할 수 있다.

③ 법원은 제1항 본문에 따라 심문기일을 지정하였을 때에는 당사자와 피해학생 등에게 서면, 전화, 휴대전화 문자전송, 전자우편, 팩시밀리 또는 그 밖에 적당하다고 인정되는 방법으로 그 심문기일을 통지하여야 한다.

④ 법원은 필요하다고 인정하는 경우에는 비디오 등 중계장치에 의한 중계시설을 통하거나 인터넷 화상장치를 이용하여 제1항 본문의 심문기일을 열 수 있다.

⑤ 법원은 필요하다고 인정하는 경우에는 가해학생 또는 그 보호자를 퇴정하게 하거나 가림시설 등을 이용하여 피해학생등의 의견을 청취할 수 있다.

⑥ 제3항에 따라 심문기일을 통지받은 피해학생등은 해당 사건에 대한 의견 등을 기재한 서면을 법원에 제출할 수 있다.

⑦ 피해학생등이 제1항 단서의 의견서 또는 제6항의 서면을 제출한 경우 법원은 당사자에게 피해학생등의 의견서 또는 서면이 제출되었다는 취지를 서면, 전화, 휴대전화 문자전송, 전자우편, 팩시밀리 또는 그 밖에 적당하다고 인정되는 방법으로 통지하여야 한다.

⑧ 법원은 다음 각 호의 어느 하나에 해당하는 경우에는 피해학생등의 의견을 청취하지 아니할 수 있다.

  1. 피해학생등이 의견진술의 기회를 포기한다는 뜻을 명백히 표시한 경우
  2. 피해학생등이 정당한 사유 없이 심문기일에 출석하지 아니하거나 제 1항 단서에서 정한 기한 내에 의견의 진술을 갈음하는 의견서를 제출 하지 아니하는 경우
  3. 피해학생등의 의견을 청취하기 위하여 임시로 집행정지를 하는 경우
  4. 그 밖에 피해학생등의 의견을 청취하기 어려운 부득이한 사유가 있는

경우

⑨ 당사자와 소송관계인은 청취한 피해학생등의 의견을 이용하여 피해학생등의 명예 또는 생활의 평온을 해치는 행위를 하여서는 아니 된다.

행정소송규칙 제13조(피해자의 의견 청취)

① 법원은 필요하다고 인정하는 경우에는 해당 처분의 처분사유와 관련하여 다음 각 호에 해당하는 사람(이하 '피해자'라 한다)으로부터 그 처분에 관한 의견을 기재한 서면을 제출받는 등의 방법으로 피해자의 의견을 청취할 수 있다.

   3. 「학교폭력예방 및 대책에 관한 법률」 제2조제4호의 피해학생 또는 그 보호자

② 당사자와 소송관계인은 제1항에 따라 청취한 피해자의 의견을 이용하여 피해자의 명예 또는 생활의 평온을 해치는 행위를 하여서는 아니 된다.

③ 제1항에 따라 청취한 의견은 처분사유의 인정을 위한 증거로 할 수 없다.

법원은 소송당사자의 신청에 의하여 집행정지 여부를 결정할 수 있고, 당사자의 신청이 없더라도 직권으로 심리·결정할 수 있다. 당사자는 행정소송 절차가 개시되면 실질적인 권리보장을 위하여 신속하게 집행정지 신청을 검토할 필요가 있다.

집행정지 결정이 내려지기 위해서는 ①집행정지의 대상인 처분의 존재, ②행정소송의 계속, ③처분의 집행으로 인해 중대한 손해가 생기는 것을 예방할 긴급한 필요성, ④집행정지가 공공복리에 중대한 영향을 미치지 않을 것, ⑤본안청구가 이유 없음이 명백하지 않을 것이라는 요건이 모두 충족되어야 한다.

집행정지에는 처분의 효력 정지, 처분의 집행 정지, 절차의 속행의 전부 또는 일부의 정지가 있음은 행정심판절차상 집행정지의 경우와 같다. 처분의 효력 정지란, 처분의 내용에 따르는 구속력, 공정력, 집행력 등을 잠정적으로 정지시키는 것으로, 결정 주문에서 정한 정지기간 중에는 처분이 없었던 원래의 상태와 같은 상태가 된다. 처분의 집행 정지란, 처분의 내용을 실현하는 집행력의 행사를 정지시키는 것이다. 절차의 속행 정지란, 취소청구의 대상인 처분에 따르는 후속 처분을 정지시키는 것이다. 이 중 처분의 효력정지는 처분의 집행 또는 절차의 속행을 정지함으로써 그 목적을 달성할 수 있을 때에는 허용되지 아니한다.

집행정지의 결정 또는 기각의 결정에 대하여는 즉시항고의 방식으로 불복할 수 있다. 이 경우 집행정지의 결정에 대한 즉시항고에는 결정의 집행을 정지하는 효력은 없다.

집행정지는 공공복리에 중대한 영향을 미칠 우려가 있을 때에는 허용되지 아니한다. 집행정지의 결정이 확정된 후 집행정지가 공공복리에 중대한 영향을 미치거나 그 정지사유가 없어진 때에는 소송당사자의 신청에 의하여 또는 법원이 직권으로 결정으로써 집행정지의 결정을 취소할 수 있다.

교육장이 학교폭력예방법 제17조 제1항에 따라 **가해학생에게 내린** 피해학생에 대한 서면사과, 피해학생 및 신고·고발 학생에 대한 접촉, 협박 및 보복행위(정보통신망을 이용한 행위를 포함한다)의 금지, 학교에서의 봉사, 사회봉사, 학내외 전문가, 교육감이 정한 기관에 의한 특별 교육이수 또는 심리치료, 출석정지, 학급교체, 전학, 퇴학처분 등 조치에 대하여 집행정지 결정을 하려는 경우에는 반드시 피해학생 또는 그 보호자의 의견을 청취하는 절차를 거쳐야 한다(학교폭력예방법 제17조의4 제1항). 위 피해학생의 의견 청취 규정은 학교폭력예방법이 2023. 10. 24. 법률 제19741호로 일부개정되면서 신설되고 2024. 3. 1.부터 시행되고 있다. 위 신설규정은 위 개정법 시행 이후 가해학생 또는 그 보호자가 제17조제1항에 따라 내린 조치에 대하여 이의를 제기하여 「행정소송법」에 따른 행정소송 제기 및 집행정지 신청을 하는 경우부터 적용된다(부 칙[2023.10.24. 제19741호]).

법원이 학교폭력예방법 제17조의4 제1항에 따라 집행정지 결정을 하기 위하여 피해학생 또는 그 보호자의 의견을 청취하여야 하는 경우에는 심문기일을 지정하여 피해학생등의 의견을 청취하는 방법으로 한다. 다만, 특별한 사정이 있는 경우에는 기한을 정하여 피해학생 또는 그 보호자에게 의견의 진술을 갈음하는 의견서를 제출하게 하는 방법으로 할 수 있다. 법원은 필요하다고 인정하는 경우에는 비디오 등 중계장치에 의한 중계시설을 통하거나 인터넷 화상장치를 이용하여 제1항 본문의 심문기일을 열 수 있고, 가해학생 또는 그 보호자를 퇴정하게 하거나 가림시설 등을 이용하여 피해학생 또는 그 보호자의 의견을 청취할 수 있다. 법원이 필요하다고 인정하여 피해학생 또는 그 보호자로부터 처분에 관한 의견을 기재한 서면을 제출받는 등의 방법으로 피해자의 의견을 청취한 경우, 이를 처분사유의 인정을 위한 증거로 할 수 없다.

법원은 일정 요건이 충족되는 경우에는 피해학생 또는 그 보호자의 의견을 청취하지 않을 수 있다. 피해학생 또는 그 보호자가 의견진술의 기회를 포기한다는 뜻을 명백히 표시한 경우, 피해학생 또는 그 보호자가 정당한 사유 없이 심문기일에 출석하지 아니하거나 정해진 기한 내에 의견의 진술을 갈음하는 의견서를 제출하지 아니하는 경우, 피해학생 또는 그 보호자의 의견을 청취하기 위하여 임시로 집행정지를 하는 경우, 그 밖에 피해학생 또는 그 보호자의 의견을 청취하기 어려운 부득이한 사유가 있는 경우가 그러하다. 소송당사자와 소송관계인은 서면 또는 구두 청취한 피해학생 또는 그 보호자의 의견을 이용하여 피해학생 또는 그 보호자의 명예 또는 생활의 평온을 해치는 행위를 하여서는 아니 된다.

교육감 또는 교육장은 법원으로부터 집행정지 신청 사실 및 그 결과를 통보받은 경우 피해학생 또는 그 보호자 및 피·가해학생의 소속 학교에 그 사실 및 결과를 통지하여야 한다. 교육장이 학교폭력예방법 제17조 제1항에 따라 **가해학생에게 내린** 피해학생에 대한 서면사과, 피해학생 및 신고·고발 학생에 대한 접촉, 협박 및 보복행위(정보통신망을 이용한 행위를 포함한다)의 금지, 학교에서의 봉사, 사회봉사, 학내외 전문가, 교육감이 정한 기관에 의한 특별교육이수 또는 심리치료, 출석정지, 학급교체, 전학, 퇴학처분 등 조치에 대하여 집행정지 신청이 인용된 경우, 피해학생 및 그 보호자는 학교의 장에게 가해학생과의 분리를 요청할 수 있다. 이 경우 학교의 장은 전담기고 심의를 거쳐 가해학생과 피해학생을 분리하여야 한다.

[사례 1 - 청주지방법원 2022. 6. 9. 선고 2021구합51992 판결 징계조치처분취소 청구의 소]

청주지방법원 2022. 6. 9. 선고 2021구합51992 판결
징계조치처분취소 청구의 소

주문

피고가 2021. 7. 30. 원고에 대하여 한 피해학생에 대한 서면사과 처분을 취소한다.

청구 취지

주문과 같다.

이유

(중략)

학교폭력예방법은 학교폭력의 예방과 대책에 필요한 사항을 규정함으로써 피해학생의 보호, 가해학생의 선도·교육 및 피해학생과 가해학생 간의 분쟁조정을 통하여 학생의 인권을 보호하고 학생을 건전한 사회구성원으로 육성함을 목적으로 한다(제1조). 학교폭력예방법은 제2조 제1호에서 학교폭력을 '학교 내외에서 학생을 대상으로 발생한 상해, 폭행, 감금, 협박, 약취·유인, 명예훼손·모욕, 공갈, 강요·강제적인 심부름 및 성폭력, 따돌림, 사이버 따돌림, 정보통신망을 이용한 음란·폭력 정보 등에 의하여 신체·정신 또는 재산상의 피해를 수반하는 행위'라고 규정하고, 같은 조 제1의2호에서는 따돌림에 대하여 '학교 내외에서 2명 이상의 학생들이 특정인이나 특정집단의 학생들을 대상으로 지속적이거나 반복적으로 신체적 또는 심리적 공격을 가하여 상대방이 고통을 느끼도록 하는 모든 행위를 말한다'고 규정하면서, 제3조에서 '이 법을 해석·적용함에 있어서 국민의 권리가 부당하게 침해되지 아니하도록 주의하여야 한다'고 규정하고 있다. 이는 '학교폭력'에 해당하는지 여부를 판단함에 있어서 지나친 확대해석을 방지하기 위한 취지이므로, 학교에서의 일상적인 생활 중에 일어난 행위가 학교폭력예방법 제2조 제1호의 '학교폭력'에 해당하는지 여부는 행위의 발생 경위와 전후 상황, 행위의 내용과 정도, 가해학생과 피해학생의 평소 관계, 피해의 정도 등을 종합하여 신중하게 판단하여야 한다.

한편 항고소송에서 당해 처분의 적법성에 대한 증명책임은 원칙적으로 처분의 적법을 주장하는 처분청에 있으므로, 원고가 학교폭력예방법에서 말하는 '학교폭력'을 행사하였다는 사실에 대한 증명책임은 처분청인 피고에게 있다.

갑 제2호증, 을 제1, 2호증의 각 기재에 의하면 원고가 이 사건 각 행위를 한 사실, 원고는 'D에게 손가락으로 숫자 5를 만들어서 놀리고, D이 농구를 그렇게 잘 하지도 않는데 포지션에서 탑이 D라고 비꼬듯이 말했다'라는 취지로 학생확인서를 작성한 사실, 원고와 함께 이 사건 각 행위를 한 다른 학생들도 'D를 놀리기 위해 이 사건 각 행위를 하였다'는 취지로 학생확인서를 각 작성한 사실, 원고 등 중 한 명이 'J이 손바닥 사인을 만들기 전 "멈춰!"를 하면서 친구들이 손바닥을 상대방에게 가리켰는데, J이 이것을 D라는 뜻으로 만들어서 쓰게 되었다'는 취지로 학생확인서를 작성할 사실, 원고가 이 사건 각 행위를 하는 것을 목격한 이 사건 학교의 학생이 그 사실을 D에게 전달한 사실, D는 '이 사건 각 행위가 발생한 이후 불안하고 눈치가 약간 보인다'라고 학생확인서를 작성한 사실이 인정되기는 한다.

그러나 앞서 든 증거들에 변론 전체의 취지를 더하여 인정되는 다음과 같은 사정들을 고려해 보면, 피고가 제출한 증거들만으로 이 사건 각 행위가 학교폭력예방법상의 학교폭력(따돌림, 언어폭력)에 해당한다고 보기 부족하고, 달리 이를 인정할 증거가 없다. 따라서 이 사건 처분은 처분사유가 부존재하여 위법하므로 취소되어야 한다(이 사건 처분이 위와 같은 이유로 위법하다고 보는 이상, 제3 주장에 대해서는 나아가 살피지 아니한다).

가) 우선 이 사건 각 행위가 '따돌림'에 해당하는지에 관하여 보건대, 학교폭력예방법 제2조 제1의2호에서 따돌림에 대하여 '학교 내외에서 2명 이상의 학생들이 특정인이나 특정집단의 학생들을 대상으로 지속적이거나 반복적으로 신체적 또는 심리적 공격을 가하여 상대방이 고통을 느끼도록 하는 모든 행위를 말한다'고 규정하고 있으므로, 학교폭력예방법상 따돌림에 해당하기 위해서는 원고의 이 사건 각 행위가 D에게 '신체적 또는 심리적 공격을 가한 것'으로 평가될 수 있어야 한다. 원고 등이 D에 관한 부정적인 인식을 가지고 이 사건 각 행위를 한 것으로 보이기는 하나, D가 없는 자리에서 원고 및 원고의 친한 친구들 사이에 대화 도중에 일어난 행위임을 고려하면, 피고가 제출한 증거만으로는 이 사건 각 행위가 D에게 도달할 것을 전제로 하여 D에게 고통을 느끼도록 할 의도로 한 것이라거나 D에게 직접적으로 심리적, 정신적 고통을 가하기 위한 신체적 또는 심리적 공격으로서 따돌림에 해당함을 인정하기에 부족하고 달리 이를 인정할 증거가 없다.

나) 다음으로 이 사건 각 행위가 학교폭력예방법 제2조 제1호가 규정하는 '모욕'에 해당하는지에 관하여 보건대, 모욕이란 사실의 적시 없이 사람의 사회적 평가를 저하시킬 만한 추상적 판단이나 경멸적 감정을 표현하는 것으로, 그에 해당하는지 여부는 사회통념과 건전한 상식에 따라 그 표현의 의미와 의도, 글의 전체적인 내용과 맥락, 행위자와 상대방과의 관계 등 구체적·개별적인 사정들을 종합하여 객관적·합리적으로 판단하여야 하는바(대법원 2017. 1. 25. 선고 2016도15261 판결 참조), 이 사건 각 행위의 내용은 모두 D에 관한 부정적 인식에서 비롯된 것으로 반어법 등 D를 다소 비꼬는 듯한 표현이 사용되기는 하였으나, D의 인격적 가치에 대한 사회적 평가를 저하시킬 만한 경멸적 감정을 표현한 모욕적 언사에 해당한다고

보기는 어렵다(이 사건 각 행위가 모욕 이외에 다른 언어폭력에 해당될 가능성에 관하여 보더라도, 피고가 제출한 증거만으로는 이를 인정하기 부족하고, 달리 이를 인정할 증거가 없다).

이 사례의 원고는 가해학생으로 지목되어 충청북도음성교육지원청 교육장 (피고)로부터 '피해학생에 대한 서면사과'의 가해학생 조치처분을 받은 자이다. 사안의 쟁점은 원고가 피해학생에 대하여 한 행위, 즉 야간학습 시간, 교실에서 원고, H, I, J, K이 모여서 대화를 하던 중, 'D(피해학생)은 축구랑 농구를 너무 잘해서 모든 포지션을 다 소화할 수 있다'며 모든 포지션에 D의 이름을 넣어 부르며 이야기하고, D의 자세를 따라 하기도 하면서, 놀리는 뉘앙스의 손바닥 펼치기 등의 행위가 학교폭력에 해당하는지 여부이다.

법원은 아래의 각 사정을 고려하면 원고의 위 행위가 학교폭력예방법상의 학교폭력(따돌림, 언어폭력)에 해당한다고 보기 부족하다고 판단하였고, 따라서 피고의 처분은 처분사유가 부존재하여 위법하다고 판단하였다.

- 원고의 행위가 학교폭력 중 따돌림에 해당한다고 하려면 원고의 행위가 피해학 생에게 신체적 또는 심리적 공격을 가한 것으로 평가될 수 있어야 한다. 그러나 원고는 위 행위로써 피해학생에게 고통을 느끼도록 할 의도가 있었다거나 피해 학생에게 직접적으로 심리적, 정신적 고통을 가하기 위한 신체적 또는 심리적 공격으로서 따돌림에 해당한다고 인정하기에는 부족하다.
- 원고의 행위가 학교폭력 중 모욕에 해당한다고 하려면 원고의 행위가 사실의 적 시 없이 사람의 사회적 평가를 하시킬 만한 추상적 판단이나 경멸적 감정을 표 현하는 것에 해당되어야 한다. 그러나 원고의 행위 내용은 피해학생의 인격적

가치에 대한 사회적 평가를 저하시킬 만한 경멸적 감정을 표현한 모욕적 언사에 해당한다고 보기는 어렵다.

이 사례는 처분의 취소를 구하는 행정소송에서 원고의 행위가 학교폭력예방법에서 규정하는 '학교폭력'에 해당하지 아니한다는 원고의 주장이 받아들여짐으로써 피고의 처분사유 자체가 부존재하여 위법한 처분이라는 판단이 내려졌다는 점에서 의미가 있다.

[사례 2 - 부산지방법원 2019. 10. 25. 선고 2019구합22799 판결 학교폭력징계조치처분 취소 청구의 소]

부산지방법원 2019. 10. 25. 선고 2019구합22799 판결
[학교폭력징계조치처분 취소 청구의 소]

주문

피고가 2019. 6. 10. 원고에 대하여 한 학교폭력 예방 및 대책에 관한 법률 제17조 제1항 제1호 서면사과, 제2호 피해학생 및 신고, 고발 학생에 대한 접촉, 협박 및 보복행위의 금지(14일), 제3항 특별교육이수 4시간의 처분을 취소한다.

청구 취지

주문과 같다.

이유

(중략)

2. 원고의 주장에 대한 판단

다. 판단

2) 구체적 판단

가) 앞에서 본 바와 같이 E과 E의 부모가 당초 피해사실로 신고하거나 피고가 조사한 후 이 사건 자치위원회에 학교폭력으로 심의안건으로 요청한 내용은 2018. 4.경 원고가 E의 치마를 들춘 사실을 비롯하여 2019. 5.경까지 총 6회에 걸쳐 원고가 E에게 엉덩이나 가슴을 보여 달라고 하는 등 성적 행동이나 언행을 하였다는

것이었는데, 이 사건 자치위원회에서 학교폭력으로 인정한 내용은 ① 2018년 4월경 E의 치마를 보고 싶다고 하며 들추었다는 점, ② 2019년 3월경 내지 4월 초경 E의 엉덩이와 가슴을 만지고 싶다고 말하고 관련 행동을 시도하려고 하였다는 점이었고, 피고의 이 사건 처분서의 조치원인에도 위와 동일한 내용이 기재되어 있다.

나) 그러나 앞서 본 사실에 변론 전체의 취지를 종합하여 인정되는 다음의 사정을 앞서 본 법리에 비추어 보면, 피고가 제출한 증거들만으로는 원고가 E에게 학교폭력예방법에서 정한 학교폭력을 행사하였다는 사실이 충분히 입증되었다고 보기에는 부족하고, 달리 이를 인정할 증거가 없다.

(1) 원고가 E에 대하여 위와 같은 학교폭력을 행사하였다는 증거로는 E 및 E으로부터 피해사실을 전해들은 E의 부모의 각 진술이 있는데, E의 진술 및 E의 부모의 진술은 아래와 같이 객관적 자료에 의하여 뒷받침되지 않거나 객관적 사실에도 배치되어 그대로 믿기 어렵다.

(가) E과 E의 부모가 당초 피해사실로 신고한 내용 중 상당 부분은 일시, 장소, 행위 내용 등이 구체적이고 명확하게 특정되었다고 보기 어렵고, 피고 측에서 이에 대한 조사를 거쳐서 이 사건 자치위원회에 심의를 의뢰한 내용들도 대부분이들의 주장이나 진술에 근거한 것으로 보이는데, 이 사건 자치위원회는 이 사건 처분사유로 인정한 내용 이외의 나머지 피해신고 사실에 대하여는 E 및 E 부모의 진술 등이 객관적 사실에 반하거나 신빙성이 없다고 판단하여 이 사건 처분의 조치원인 사실에서 제외한 것으로 보인다.

(나) 먼저 E과 E의 부모는 피해사실을 신고하면서 원고가 2018년경 E에게 '옥상에 칼을 들고 올라오라'는 말을 하여 E이 겁을 먹었다고 주장하였는데, 당시 함께 있던 R 학생의 진술에 의하더라도 원고, E, 자신이 2018년경 요리실습(화채 만들기) 후에 재미있어서 옥상에 가서 다시 한 번 하자고 했으나 옥상에 갈 수 없어서 하지 않

았다는 것이지, 원고가 E에게 위협하기 위하여 '옥상, 칼'이라는 말을 한 것은 아니라는 것으로서, 당시 원고가 E에게 성관련 요구를 하면서 위와 같은 언행을 한 것은 아님이 명백하다.

(다) E은 2019년경(3학년 때) 원고가 상의를 들춰 배 부분을 보여주었고 동료 학생인 Q이 이를 목격하였다고 진술하였으나, 피고의 조사과정에서 Q은 원고가 줄서 있을 때 E의 옷을 들춘 일을 본 일이 없다고 진술하였고, 동료 학생들인 K, S도 원고의 이상 행동에 대하여 진술하지 않았다. 다만 동료 학생인 M은 제1, 2회 면담 과정에서 원고가 2018. 4. 경 E의 치마를 올린 것을 본 적이 있다는 취지로 진술하기는 하였으나, 앞에서 본 M의 진술 경위나 그 태도 등에 비추어 보면 E이 있는 상황에서 E의 말에 반응하면서 인정하는 듯한 태도를 취한 것이지 자발적 기억에 의하여 진술한 것으로 보이지 않고, 제3회 면담 과정에서는 원고로부터 어려움을 겪은 사실에 대해서는 진술하지도 않았던 점을 종합하여 보면 M의 진술만으로 위와 같은 2018. 4.경 원고의 행위를 곧바로 인정하기 부족하다.

(라) E과 E 부모는 원고가 화장실 구석에서 2019년 4월 중순경 자신의 엉덩이를 만지고 싶고 보여 달라고 하였고, 가슴을 만지고 싶다고 해서 싫다고 했는데 "왜 그러고 싶은데?'라고 물으니 원고가 "예뻐 보여서"라고 말하였고, 2019년 5월 초경에도 원고가 자신에게 '가슴을 보여달라'고 말하였다고 주장하면서 구체적으로 일시와 장소를 특정하여 진술하였다. 그러나 2019. 4. 8.부터 2019. 5. 22.까지 촬영된 화장실 앞 CCTV 영상에 의하면, E이 진술하는 내용과 같은 장면은 찾아 볼 수 없었다. 이와 같은 이유로 이 사건 자치위원회나 피고는 E의 위 피해신고 사실을 이 사건 처분사유에서 제외하였고, 대신 CCTV 녹화영상이 없는 2019년 3월경 내지 4월 초순경에 원고가 E의 엉덩이와 가슴을 만지고 싶다고 말하고 관련 행동을 시도하려고 하였다는 부분을 학교폭력으로 인정하고 있다. 그러나 피고는 E이나 E의 부모 등이 제기한 전체 피해사실 신고와 관련된 주장이나 진술이 상

당부분 주변 학생들이나 객관적인 자료에 비추어 모순되거나 사실이 아닌 것으로 밝혀졌으므로 그 신빙성 여부에 대하여는 신중히 검토해보아야 할 것임에도 성급하게 CCTV 영상이 없는 나머지 피해신고사실에 관한 E의 주장이나 진술이 사실이라는 전제하에 이를 그대로 받아들여 이 사건 처분을 하였다(이와 관련하여 피고는 초등학교 3학년인 E이 일시 등을 혼동하여 얘기할 수도 있다고 주장하고 있으나, E 측의 이 사건 피해사실 신고경위나 내용, 조사과정 진술 등을 살펴보면, 위 피해신고 내용은 이들이 신고한 것 중 비교적 명확하게 일시와 장소, 행위를 특정한 피해사실로서 신고 이전 1달 이내에 발생하였다는 것인데, E의 나이 등을 감안하더라도 이를 혼동하여 잘못 지정하였다는 피고의 주장은 수긍하기 어렵다. 또한 이 사건 자치위원회 회의 과정에서 일부 위원이 CCTV의 위치를 알고 있었던 원고가 영상이 촬영되지 않는 사각지대에서 교묘하게 E을 상대로 이와 같은 행위를 하였으므로 고의성이 있어서 매우 나쁘다는 취지의 의견을 제시하면서 마치 CCTV 영상에도 불구하고 원고가 그와 같은 행위를 한 것처럼 주장하고 있으나, 원고가 CCTV 사각지대를 찾아서 위와 같은 행위를 하였다고 볼 만한 자료도 없을 뿐만 아니라 초등학교 3학년생인 원고가 성인 범죄자들이나 할 법한 치밀한 계획으로 CCTV의 촬영 범위를 사전에 파악하여 그 사각지대로 동료 학생을 데려가 성추행을 시도하였다고 단정하는 듯한 해당 위원의 의견을 도저히 그대로 납득하기 어렵다).

(마) E과 E의 부모는 이 사건 자치위원회에서 원고가 체육복을 입고 있는 E의 체육복 지퍼를 내려 가슴을 만질 뻔하였는데, E이 지퍼를 올리고 도망쳐 원고가 E의 가슴을 만지지는 못하였다고 진술하기도 하였다. 그러나 E과 E의 부모는 이 사건 자치위원회가 개최되기 전까지 '체육복', '지퍼'에 대해서는 언급한 사실이 없었다. 또한 E의 부모는 담임교사인 H에게 위와 같은 사실을 말하여 H이 그 사실을 알고 있다고 진술하였으나, H은 이 사건 자치위원회에서 위와 같은 말을 들은 사실이 없다고 진술하였다.

(바) E이 피고에게 피해신고를 한 2018년 4월경부터 2019. 5.경까지 사이에 E이 여러 차례에 걸쳐 원고로부터 치마를 들춤 당하거나 엉덩이 또는 가슴을 보여 달라는 등의 부당한 행위를 당하였다고 한다면 이를 곧바로 부모에게 호소하였을 것으로 보이는데, 2019. 4. 18. 이루어진 원고의 어머니 C과 E 어머니 G 사이에 이루어진 L 대화내용이나 전화통화 내용에서는 2018년 4월경에 있었다는 일이 언급되었을 뿐이지 이 사건 처분사유로 인정한 2019. 3. 내지 2019. 4. 초순경의 일에 대하여는 전혀 언급되지 않았다. 더욱이 2019. 5. 10. 이루어진 C과 G의 L 대화에서는 G이 C에게 E으로부터 원고가 선생님으로부터 쿠폰을 받는 등 이전과 달리 좋아지고 있다는 내용만을 얘기하고 있을 뿐이지, 직전에 이루어진 것으로 피해신고한 2019년 4월 중순 및 5월 초순경의 일에 대하여는 아무런 언급도 없다.

(2) 이 사건 자치위원회와 피고는 CCTV 녹화영상에 원고가 2019. 4. 25. 11:21 무렵 다른 여학생과 장난을 치면서 그 여학생의 가슴 윗부분을 치고 도망가는 듯한 모습을 이 사건 처분의 조치원인 사실로 기재하였다. 그러나 피고의 주장에 의하더라도 당시 해당 여학생이 E이 아님은 명백하고, CCTV 녹화영상을 전체적으로 살펴보면, 당시 화장실에서 원고가 다른 남학생과 장난을 치면서 나와 복도로 가던 중 해당 여학생이 복도에서 화장실 쪽으로 오다가 원고를 만나 잠시 얘기를 나눈 후 함께 화장실 앞으로 와서 원고가 남자 화장실 쪽을 가리키면서 무슨 얘기를 하는 도중 원고가 여학생의 가슴 부위를 손으로 툭 치고 복도 쪽으로 도망가자 여학생이 쫓아가려다가 남자 화장실 앞으로 와서 남자화장실을 잠시 쳐다보는 사이에 원고가 다시 남자 화장실로 들어갔고, 여학생이 남자화장실에서 나오는 다른 남학생과 얘기한 후 여자 화장실로 들어가는 모습이 담겨 있는바, 이와 같은 일련의 상황에서 이루어진 여학생의 가슴을 치는 원고의 행위는 초등학교 3학년 학생이 같은 또래의 동료들과 사이에서 장난을 치고 노는 과정에서 자연스럽게 이루어진 평범한 놀이 행위에 불과한 것이지, 이를 두고 원고가 해당 여학생에 대한 성적 추행의 목적 또는 가해의 의사로 그와 같은 행위를 하였다고는 도저히 볼 수 없고, 위

영상이 원고의 이 사건 학교폭력 행위와 연관성이 있다거나 원고의 폭력 성향을 나타내는 것으로 보기도 어렵다. 따라서 피고가 CCTV 녹화영상에서 원고의 위와 같은 행위를 발견하였다는 점을 이유로 원고가 E에게 이 사건 처분의 조치원인 사실과 같은 행위를 하였을 가능성이 있다고 추정한 것은 적절하다고 보기 어렵다.

(3) 또한 이 사건 자치위원회는 2014. 4. 18. E의 어머니인 G과 원고의 어머니 C 사이에 학교폭력 사건 접수 이전에 이미 성관련 행위에 대한 논의가 있었던 점을 이 사건 처분의 조치원인 사실로 기재하기도 하였다. 그러나 원고의 어머니와 E의 어머니 사이에 성관련 논의가 있었다는 사실을 근거로 원고가 E에게 학교폭력 행위를 하였다고 단정할 수는 없고, G이 주장하는 성관련 사안을 C이 그대로 인정한 것으로 보기도 어렵다. 오히려 당시 C은 G과 전날 있었던 일로 통화하는 과정에서 G으로부터 갑자기 원고가 2018. 4.경 E의 치마를 들추었다는 사실을 전해 듣고 깜짝 놀라서 사실여부를 떠나서 죄송하다고 사과를 하였던 것이었지 이를 인정한 것이 아니라고 주장하는 바, 이와 같은 C의 주장에 수긍할 바가 있다.

(4) 원고와 E의 담임교사인 H은 원고와 E이 같은 반 봉사위원이자 친구로서 이 사건이 있기 전까지 술래잡기 놀이를 하는 등 잘 어울려 놀았고, E이 체육시간에 심심하다고 먼저 원고에게 다가갔으며, E이 원고가 자신을 괴롭힌다는 이야기를 한 사실은 없었다는 것이다. 원고와 E은 2018년 및 2019년 같은 반에 소속되어 짝꿍을 하기도 하였고 다른 학생은 둘이 사귄다고 놀릴 정도로 친하게 지낸 것으로 보이는 바, 위와 같은 원고와 E의 관계 등에 비추어 보면, 원고가 그동안 추행의 목적이나 가해의 의사로 E을 괴롭히거나 학교폭력 행위를 지속하여 왔다는 것은 쉽사리 이해하기 어렵다[설사 피고의 주장처럼 초등학교 2학년 당시 같은 반 친구이던 원고와 E 사이에서 2018. 4. 경 치마를 들추는 행위 등이 있었다고 하더라도, 앞에서 본 바와 같이 일상적인 학교생활 중에 일어난 어떤 행위가 학교폭력예방법에서 말하는 "학교폭력"의 개념에 해당하는지 여부는 그 발생경위와 상황, 행위의 정도 등

을 신중히 살펴 판단하여야 한다고 할 것인바, 당시 8살로서 성에 대한 지식과 경험이 있다고 보기 어려운 원고가 자신의 성적인 욕구를 충족시키거나 성적 쾌감을 느끼기 위해서 위와 같은 행위를 한 것이라고 단정하기는 어렵고, 단지 일상적인 학교생활 중에 또래 여학생들에게 장난을 치면서 호기심에서 일회적이고 우발적으로 벌인 행동이라고 봄이 타당할 것인바, 이와 같은 행위는 교육 현장에서 교사에 의한 지도감독이나 적절한 성교육 등을 통해서 제재되고 바로 잡아야 할 것이지 이를 곧바로 학교폭력에 해당한다고 의율하여 처벌하는 것은 학교폭력을 지나치게 확대하는 것으로서 타당하지도 않다].

(5) H과 I은 이 사건의 사실관계를 파악하는 과정에서 E 진술의 신빙성이 의심되는 사정이 있고 객관적 사실과 일부 배치되며, 원고가 가해 행위를 적극적으로 부인하는 상황임에도 불구하고 이 사건이 성관련 사안이라는 이유만으로 피해자 측인 E과 그 어머니의 진술이 사실이라고 단정하여 그대로 피해사실로 인정하여 이 사건 자치위원회에 심의안건으로 보고하였고, 이 사건 자치위원회도 E 진술의 신빙성을 의심하면서도 E 진술의 모순점이나 미비점을 밝히려는 노력을 충분히 기울이지 않은 채 '피해자 중심 법판단 경향성(피해자의 일관된 진술 등)'이라는 논거를 제시하면서 피해자 측의 진술만을 근거로 원고가 E에 대하여 학교폭력에 해당하는 가해 행위를 하였다고 인정하였으나 위와 같은 피고의 논리에 동의하기 어렵다.

다) 소결론
따라서 피고가 제출한 증거들만으로는 원고가 E에게 학교폭력예방법에서 정한 **학교폭력을 행사하였다는 사실이 충분히 입증되었다고 보기에는 부족하고, 달리 이를 인정할 증거가 없다. 따라서 원고가 E에게 학교폭력을 행사하였음을 전제로 한 이 사건 처분은 위법하다.**

원고는 가해학생으로 지목된 자이다. 원고는 피고의 처분에 대하여 취소소송을 제기하였다. 원고가 '학교폭력'을 행사하였다는 사실에 대한 입증 부족의 점이 인정되어 피고 처분이 취소된 사례이다.

이 사례는 처분 취소청구를 구하는 원고(및 원고 소송대리인)의 소송 과정에서의 충실한 대응이 중요함을 엿볼수 있는 하급심 판결이라고 생각된다. 원고는 피고 처분 사유의 부존재를 주장 입증하기 위하여 녹취록, CCTV 영상, 사건관계자의 진술내용, 사건의 시간적 흐름 등을 종합적으로 분석하여 적극적으로 피고 처분의 입증 부족을 지적하였던 것으로 보인다. 그리고 사건관계자들의 진술의 신빙성을 탄핵하는 등 소송행위를 하였던 것으로 보여진다. 사안과 같이 소송관계자의 진술이 첨예하게 대립하는 학교폭력 사건은 복잡한 사실관계를 정확히 이해하고 이를 법리적으로 풀어내는 작업이 매우 중요하다. 복잡한 사건일수록 전문 지식과 경험을 갖춘 소송대리인의 조력을 받는 것이 의미가 있을 것이다.

9. 민사 및 형사소송

가. 민사소송

1) 민사책임의 범위

민법 제750조(불법행위의 내용)

고의 또는 과실로 인한 위법행위로 타인에게 손해를 가한 자는 그 손해를 배상할 책임이 있다.

민법 제751조(재산이외의 손해의 배상)

①타인의 신체, 자유 또는 명예를 해하거나 기타 정신상고통을 가한 자는 재산 이외의 손해에 대하여도 배상할 책임이 있다.

②법원은 전항의 손해배상을 정기금채무로 지급할 것을 명할 수 있고 그 이행을 확보하기 위하여 상당한 담보의 제공을 명할 수 있다.

민법 제752조(생명침해로 인한 위자료)

타인의 생명을 해한 자는 피해자의 직계존속, 직계비속 및 배우자에 대하여는 재산상의 손해없는 경우에도 손해배상의 책임이 있다.

민법 제753조(미성년자의 책임능력)

미성년자가 타인에게 손해를 가한 경우에 그 행위의 책임을 변식할 지능이 없는 때에는 배상의 책임이 없다.

민법 제755조(감독자의 책임)

① 다른 자에게 손해를 가한 사람이 제753조 또는 제754조에 따라 책임이 없는 경우에는 그를 감독할 법정의무가 있는 자가 그 손해를 배상할 책임이 있다. 다만, 감독의무를 게을리하지 아니한 경우에는 그러하지 아니하다.

② 감독의무자를 갈음하여 제753조 또는 제754조에 따라 책임이 없는 사람을 감독하는 자도 제1항의 책임이 있다.

민법 제756조(사용자의 배상책임)

① 타인을 사용하여 어느 사무에 종사하게 한 자는 피용자가 그 사무집행에 관하여 제삼자에게 가한 손해를 배상할 책임이 있다. 그러나 사용자가 피용자의 선임 및 그 사무감독에 상당한 주의를 한 때 또는 상당한 주의를 하여도 손해가 있을 경우에는 그러하지 아니하다.

②사용자에 갈음하여 그 사무를 감독하는 자도 전항의 책임이 있다.

③전2항의 경우에 사용자 또는 감독자는 피용자에 대하여 구상권을 행사할 수 있다.

학교폭력의 피해학생이 가해학생에게 청구할 수 있는 손해는 적극적 손해, 소극적 손해, 위자료 3가지로 나눌 수 있다. 적극적 손해는 학교폭력으로 인해 지출한 상담비, 치료비, 요양비 등을 말한다. 소극적 손해는 학교폭력으로 인해 상실한 미래의 수입, 장래의 기대수익 등을 말한다. 위자료는 생명·신체·자유·명예 등을 침해당해 발생한 정신적 고통에 대한 배상을 말한다.

피해학생은 민법 제750조 불법행위 손해배상 청구 규정에 근거하여 가해학생 등이 고의 또는 과실로 인한 위법행위로 피해학생에게 손해를 가한 경우에 적극적 손해, 소극적 손해, 위자료 등을 손해배상으로 청구할 수 있다.

2) 학교폭력 사안에 대한 가해학생 및 그 보호자의 민사 책임

학교폭력으로 인하여 피해학생에게 손해가 발생한 경우, 피해학생은 가해학생에 대하여 손해배상을 청구할 수 있다(민법 제750조). 그런데 가해학생이 초등학교 저학년 등의 미성년자인 경우 본인의 행위의 책임을 변식할 지능(책임능력)이 없는 경우가 있다. 이 때에는 가해학생의 보호자가 그 책임을 부담할 수 있다(민법 제755조 제1항).

한편 미성년자인 가해학생에게 책임능력이 있어 그 스스로 불법행위책임을 지는 경우라도 그 손해가 해당 미성년자의 감독의무자의 의무위반과 상당인과관계가 있다면 감독의무자는 민법 제750조에 따라 일반불법행위자로서 손해배상책임이 있다.

관련 판례: 대법원 1994. 8. 23 선고 93다60588 판결

민법 제755조에 의하여 책임능력 없는 미성년자를 감독할 법정의 의무있는 자 또는 그에 갈음하여 무능력자를 감독하는 자가 지는 손해배상책임은 그 미성년자에게 책임이 없음을 전제로 하여 이를 보충하는 책임이고, 그 경우에 감독의무자 자신이 감독의무를 해태하지 아니하였음을 입증하지 아니하는 한 책임을 면할 수 없는 것이나, 반면에 미성년자가 책임능력이 있어 그 스스로 불법행위책임을 지는 경우에도 그 손해가 당해 미성년자의 감독의무자의 의무위반과 상당인과관계가 있으면 감독의무자는 일반불법행위자로서 손해배상책임이 있다.

3) 학교폭력 사안에 대한 교사의 민사 책임

학교폭력예방법 제11조의4(학교폭력 업무 담당자에 대한 지원 및 면책)

① 학교의 장은 제14조제3항에 따른 책임교사의 활동을 지원하기 위하여 수업 시간을 조정하는 등 필요한 조치를 하여야 한다.

② 교육부장관 및 교육감은 학교폭력 예방 및 대응 업무를 수행하는 교원의 활동을 지원하기 위하여 「교원의 지위 향상 및 교육활동 보호를 위한 특별법」 제14조의2에 따른 법률지원단을 통하여 학교폭력과 관련된 상담 및 민사소송이나 형사 고소·고발 등을 당한 경우 이에 대한 상담 등 필요한 법률서비스를 제공할 수 있다.

③ 학교의 장 및 교원이 학교폭력 예방 및 대응을 위하여 「초·중등교육법」 등 관계 법령에 따라 학생생활지도를 실시하는 경우 해당 학생생활지도가 관계 법령 및 학칙을 준수하여 이루어진 정당한 학교폭력사건 처리 또는 학생생활지도에 해당하는 때에는 학교의 장 및 교원은 그로 인한 민사상·형사상 책임을 지지 아니한다.

학교폭력 사건의 발생에 관하여 가해자를 지도·담당하는 교사는 민법에 따라 부모 등 감독의무자를 갈음하여 가해자에 대한 감독책임을 질 수 있다(민법 제755조 제2항). 가해자에게 책임능력이 있는 경우에는 교사는 위 민법 제755조 제2항에 따른 책임은 없으나, 학교폭력이 교사의 보호감독의무위반과 상당한 인과관계가 있는 경우에는 손해배상책임을 질 수 있다.

관련하여 판례는 「지방자치단체가 설치·경영하는 학교의 교장이나 교사는 학생을 보호감독할 의무를 지는 것이지만, 이러한 보호감독의무는 교육법에 따라 학생을 친권자 등 법정 감독의무자에 대신하여 감독을 하여야 하는 의무로서 학교 내에서의 학생의 전 생활관계에 미치는 것은 아니고 학교에서의 교육활동 및 이와 밀접불가분의 관계에 있는 생활관계에 한하며, 그 의무 범위 내의 생활관계라고 하더라도 교육활동의 때와 장소, 가해자의 분별능력, 가해자의 성행, 가해자와 피해자와의 관계 기타 여러 사정을 고려하여 사고가 학교생활에서 통상 발생할 수 있다고 하는 것이 예측되거나 또는 예측가능성(사고 발생의 구체적 위험성)이 있는 경우에 한하여 교장이나 교사는 보호감독의무 위반에 대한 책임을 진다고 할 것이다(대법원 1993. 2. 12. 선고 92다13646 판결, 대법원 2000. 4. 11. 선고 99다44205 판결 등 참조)」, 「집단따돌림으로 인하여 피해 학생이 자살한 경우, 자살의 결과에 대하여 학교의 교장이나 교사의 보호감독의무 위반의 책임을 묻기 위하여는 피해 학생이 자살에 이른 상황을 객관적으로 보아 교사 등이 예견하였거나 예견할 수 있었음이 인정되어야 한다. 다만, 사회통념상 허용될 수 없는 악질, 중대한 집단따돌림이 계속되고 그 결과 피해 학생이 육체적 또는 정신적으로 궁지에 몰린 상황에 있었음을 예견하였거나 예견할 수 있었던 경우에는 피해 학생이 자살에 이른 상황에 대한 예견가능성도 있는 것으로 볼 수 있을 것이나, 집단따돌림의 내용이 이와 같은 정도에까지 이르지 않은 경우에는 교사 등이 집단따돌림을 예견하였거나 예견할 수 있었다고 하더라도 이것만으로 피해 학생의 자살에 대한 예견이 가능하였던 것으로 볼 수는 없으므로, 교사 등이 집단따돌림 자체에 대한 보호감독의무 위반의 책임을 부담하는 것은 별론으로 하고 자살의 결과에 대한 보호감독의무 위반의 책임을 부담한다고 할 수는 없다(대법원 2007. 11. 15 선고 2005다16034 판결)」고 하여 보호감독 의무 범위 내에 있고 예견가능성이 있는 경우에 한하여 교사가 책임을 부담한다고 판시하고 있다.

한편 학교폭력예방법 제11조의4 제3항은 학교의 장 및 교원이 학교폭력의 예방 및 대응을 위하여 학생생활지도를 실시하는 경우에 관계 법령 및 학칙을 준수하여 정당하게 학교폭력사건을 처리하였다면 학교의 장 및 교원은 그로 인한 민사상 책임을 부담하지 않음을 규정하고 있다. 학교의 장 및 교원이 학교폭력의 예방 및 대응 시 위 규정에 따라 사안을 처리한 경우라면 민사상 형사상 책임에서 면책된다.

4) 학교폭력 사안에 대한 지방자치단체 및 학교법인의 민사 책임

국공립학교의 경우, 설치·경영자는 국가 또는 지방자치단체이므로 학교폭력으로 인한 손해배상책임은 국가 또는 지방자치단체가 국가배상법에 따라 부담할 수 있다.

사립학교의 경우, 학교를 설치·운영하는 학교법인은 소속 교사가 보호감독의무를 위반하여 피해학생에게 손해를 입힌 경우 민법 제756조에 따라 사용자 책임을 부담할 수 있다.

[사례 - 대법원 2007. 4. 26 선고 2005다24318 판결 손해배상(기)]

학교폭력 피해학생의 보호자가 가해학생의 보호자 및 지방자치단체에 대하여
학교폭력 피해에 관한 손해배상을 청구하여 승소한 사례를 소개한다.

대법원 2007. 4. 26 선고 2005다24318 판결 [손해배상(기)]

판시사항

[1] 초등학교 내에서 발생한 폭행 등 집단 괴롭힘과 피해학생의 자살 사이에 상
당인과관계를 인정한 사례

[2] 책임능력 없는 미성년자의 법정감독의무자와 이에 대신하여 보호·감독의무
를 부담하는 교사 등이 각각 부담하는 보호·감독책임의 범위 및 양자의 관계

[3] 교장 또는 교사의 학생에 대한 보호·감독의무의 범위 및 손해배상책임의 인
정 기준

[4] 학교폭력 가해학생들의 부모의 과실과 담임교사, 교장의 과실이 경합하여
피해학생의 자살 사건이 발생하였다는 이유로, 부모들과 지방자치단체에게
공동불법행위자로서의 손해배상책임을 인정한 사례

판결요지

[1] 초등학교 내에서 발생한 폭행 등 괴롭힘이 상당 기간 지속되어 그 고통과 그
에 따른 정신장애로 피해학생이 자살에 이른 경우, 다른 요인이 자살에 일부
작용하였다 하더라도 가해학생들의 폭행 등 괴롭힘이 주된 원인인 이상 상당
인과관계가 인정된다고 한 사례.

[2] 민법 제755조에 의하여 책임능력 없는 미성년자를 감독할 친권자 등 법정감
    독의무자의 보호·감독책임은 미성년자의 생활 전반에 미치는 것이고, 법정
    감독의무자에 대신하여 보호·감독의무를 부담하는 교사 등의 보호·감독책
    임은 학교 내에서의 학생의 모든 생활관계에 미치는 것이 아니라 학교에서의
    교육활동 및 이와 밀접 불가분의 관계에 있는 생활관계에 한하며, 이와 같은
    대리감독자가 있다는 사실만 가지고 곧 친권자의 법정감독책임이 면탈된다고
    는 볼 수 없다.

[3] 지방자치단체가 설치·경영하는 학교의 교장이나 교사는 학생을 보호·감독
    할 의무를 지는데, 이러한 보호·감독의무는 교육법에 따라 학생들을 친권자
    등 법정감독의무자에 대신하여 감독을 하여야 하는 의무로서 학교 내에서의
    학생의 모든 생활관계에 미치는 것은 아니지만, 학교에서의 교육활동 및 이
    와 밀접 불가분의 관계에 있는 생활관계에 속하고, 교육활동의 때와 장소, 가
    해자의 분별능력, 가해자의 성행, 가해자와 피해자의 관계, 기타 여러 사정을
    고려하여 사고가 학교생활에서 통상 발생할 수 있다고 하는 것이 예측되거나
    또는 예측가능성(사고발생의 구체적 위험성)이 있는 경우에는 교장이나 교사
    는 보호·감독의무 위반에 대한 책임을 진다.

[4] 학교폭력 가해학생들의 부모의 과실과 담임교사, 교장의 과실이 경합하여
    피해학생의 자살 사건이 발생하였다는 이유로, 부모들과 지방자치단체에게
    공동불법행위자로서의 손해배상책임을 인정한 사례.

이 사례는 초등학교 6학년 학생들 사이에서 폭행, 욕설, 협박 등의 학교폭
력이 있었던 사안이다. 피해학생은 학교폭력을 원인으로 자택에서 뛰어내려
사망하였다. 피해학생의 부모 및 동생은 공동원고로서 가해학생들 및 초등학

교의 설치 및 경영 주체인 지방자치단체(경기도)를 공동피고로 하여 공동불법행위 손해배상을 청구하였다.

가해학생들은 특별한 이유 없이 수회에 걸쳐 피해학생을 폭행하였고, 피해학생이 숙제를 해오지 않았다는 이유로 욕설을 하였으며, 피해학생에게 땅바닥에 떨어져 있는 것을 주어먹도록 시키면서 먹지 않으면 죽인다고 협박하였고, 플라스틱 막대기로 피해학생을 때리는 등 피해학생을 집단으로 괴롭혔다. 피해학생은 가해학생들로부터 위와 같이 지속적으로 폭행 등을 당하면서도 폭행사실을 어른들에게 알리면 가해하겠다는 가해학생들의 협박 때문에 부모나 담임교사에게 그 사실을 숨겼다.

담임교사인 피고는 피해학생에 대한 폭행사실이 드러나자 가해학생들에게 반성문을 쓰도록 하고 피해학생과 가해학생들의 부모에게 그 사실을 알린 다음 2001. 10. 18. 원고 부모와 가해학생들의 어머니들이 함께 모여 피해학생에 대한 폭행문제에 관하여 협의를 하였다. 원고 부모는 가해학생들을 전학시키거나 다른 반으로 보내는 등 격리하여 줄 것을 요구하였다. 그러나 피고 교장, 피고 담임교사는 문제 있는 아이라고 해서 임의로 전학을 가도록 할 수는 없고 또한 전학이 근본적인 해결책은 아니라고 하면서 전학과 분반 문제는 더 지켜보도록 하되, 가해학생들을 철저히 지도할 것임을 약속하면서 학교를 믿고 맡기라고 하였고, 가해학생들의 어머니들도 원고 부모에게 사죄를 하면서 피해학생에 대한 정신과 진료비 부담과 차후에 같은 일이 발생할 경우 가해학생들의 전학을 약속하는 내용의 각서를 작성해 주었다.

그런데 가해학생들은 수학여행 기간 중 피해학생에게 또다시 따돌림 행위를 하였다. 피해학생은 수학여행을 다녀온 후 우울증세가 더욱 심해져 원고들이 학교에서 있었던 일을 물으면 화를 내고, 손톱을 물어뜯거나 다리를 떨면서 불안해하기도 하였으며, 어린애처럼 행동하다가 갑자기 화를 내고 우는 등 자신의 감정을 통제하지 못하였고, 정신과 치료를 받는 것도 거부하였다. 그러던 중 피해학생은 2001. 11. 15. 학교에서 돌아와 저녁 식사를 마치고 자기 방에 들어가 창문을 열고 창문 밖을 쳐다보다 갑자기 의자 위로 올라서서 창문 밖으로 투신하였고, 이로 인하여 급성 경막하 혈종, 중증 뇌부종 등의 상해를 입고 병원에서 치료를 받다가 2001. 11. 30. 사망하였다.

이처럼 비극적인 학교폭력 사건에서 법원은 피해학생의 죽음이 가해학생들의 학교폭력행위와 상당인과관계가 있다고 판단하였다. 가해학생들은 당시 만 12세의 초등학교 6학년 학생들로서 자신의 행위로 인한 법률상 책임을 변식할 능력이 없는 책임무능력자 할 것이므로, 가해학생들의 부모로서 그들을 감독할 법정의무가 있는 위 피고들은 보호감독자로서의 주의의무를 해태하지 아니하였음을 입증하지 못하는 이상 민법 제755조 제1항에 따라 가해학생들의 위와 같은 불법행위로 망인 및 원고들이 입은 손해를 배상할 의무가 있다고 판단하면서, 가해학생들 부모의 손해배상의무를 인정하였다.

다음으로 법원은 교장 및 담임교사가 피해학생에 대한 폭행사실이 적발된 후에도 피해학생의 정신적 피해상태를 과소 평가한 나머지 원고 부모로부터 가해학생들과 피해학생을 격리해 줄 것을 요청받고도 이를 거절하면서 가해학생들로부터 반성문을 제출받고 가해학생들의 부모들로부터 치료비에 대한 부담과 재발방지 약속을 받는데 그치는 등 미온적으로 대처하였고, 그 이후의 수학여행 중에도 피해학생에 대하여 보다 특별한 주의를 기울였어야 함에도 불구하고 특별교우관계에 있는 학생을 붙여주는 이외에 별다른 조치를 취하지 아니함으로써 결과적으로 피해학생이 자살에 이르게 하도록 한 원인을 제공한 과실 공무수행상의 과실을 저질렀다고 인정한 후, 경기도는 교장 및 담임교사의 공무수행상의 과실로 인하여 원고들이 입은 손해를 배상할 책임이 있다고 인정하였다.

　참고로 원고들은 교장 및 담임교사 개인에 대해서도 공동불법행위 손해배상 청구를 하였다. 위 대법원 판결 사건의 원심은 공무원이 직무상 위법행위로 인하여 타인에게 손해를 끼친 경우 공무원 개인은 그 위법행위가 고의 또는 중과실에 의한 경우에만 손해배상책임을 지고, 단지 경과실에 불과한 경우에는 변제자력이 충분한 국가나 지방자치단체만이 손해배상책임을 진다(대법원 1996. 2. 15. 선고 95다38677 전원합의체 판결 참조)는 법리에 따라, 교장 및 담임교사의 과실 정도는 경과실에 불과하여 교장 및 담임교사 개인에 대한 원고들의 청구를 기각하였다(수원지방법원 2004. 6. 17 선고 2002가합1935 판결).

나. 형사소송

학교폭력예방법 제22조, 제21조 제1항은 아래와 같이 비밀누설금지규정 위반자에 대한 벌칙을 규정하고 있다.

학교폭력예방법 제21조(비밀누설금지 등)

①이 법에 따라 학교폭력의 예방 및 대책과 관련된 업무를 수행하거나 수행하였던 사람은 그 직무로 인하여 알게 된 비밀 또는 가해학생·피해학생 및 제20조에 따른 신고자·고발자와 관련된 자료를 누설하여서는 아니 된다.

---

② 제1항에 따른 비밀의 구체적인 범위는 대통령령으로 정한다.

③ 제16조,제16조의2,제17조,제17조의2,제18조에 따른 심의위원회의 회의는 공개하지 아니한다. 다만, 피해학생·가해학생 또는 그 보호자가 회의록의 열람·복사 등 회의록 공개를 신청한 때에는 학생과 그 가족의 성명, 주민등록번호 및 주소, 위원의 성명 등 개인정보에 관한 사항을 제외하고 공개하여야 한다.

학교폭력예방법 시행령 제33조(비밀의 범위)

법 제21조제1항에 따른 비밀의 범위는 다음 각 호와 같다.

1. 학교폭력 피해학생과 가해학생 개인 및 가족의 성명, 주민등록번호 및 주소 등 개인정보에 관한 사항

2. 학교폭력 피해학생과 가해학생에 대한 심의·의결과 관련된 개인별 발언 내용

3. 그 밖에 외부로 누설될 경우 분쟁당사자 간에 논란을 일으킬 우려가 있음이 명백한 사항

학교폭력예방법 제22조(벌칙)

제21조제1항을 위반한 자는 1년 이하의 징역 또는 1천만원 이하의 벌금에 처한다.

학교폭력예방법에 따라 학교폭력의 예방 및 대책과 관련된 업무를 수행하거나 수행하였던 사람이 그 직무로 인하여 알게 된 학교폭력 피해학생과 가해학생 개인 및 가족의 성명, 주민등록번호 및 주소 등 개인정보에 관한 사항, 학교폭력 피해학생과 가해학생에 대한 심의·의결과 관련된 개인별 발언 내용, 그 밖에 외부로 누설될 경우 분쟁당사자 간에 논란을 일으킬 우려가 있음이 명백한 사항 등을 누설한 경우에는, 누설자는 학교폭력예방법 제22조에 따라 1년 이하의 징역 또는 1천만 원 이사의 벌금형에 처해질 수 있다.

[사례 - 의정부지방법원 2018. 12. 18 선고 2018노530 판결 학교폭력예방및대책에관한법률위반]

의정부지방법원 2018. 12. 18 선고 2018노530 판결
[학교폭력예방및대책에관한법률위반]

주 문

원심판결을 파기한다.

피고인을 벌금 500,000원에 처한다.

피고인이 위 벌금을 납입하지 아니하는 경우 100,000원을 1일로 환산한 기간 피고인을 노역장에 유치한다.

위 벌금에 상당한 금액의 가납을 명한다.

이 유

피고인은 B고등학교 학교폭력자치위원회의 위원이다.

누구든지 학교폭력의 예방 및 대책에 관련된 업무를 수행하거나 수행하였던 자는 그 직무로 인하여 알게 된 비밀 또는 가해학생·피해학생과 관련된 자료를 누설하여서는 아니 된다.

그럼에도 불구하고 피고인은 2016. 12. 12. 19:00경 파주시 C 관리사무소 지하 도서관 내에서 2016. 11. 25. 학교폭력자치위원회에서 D 학생과 관련하여 심의·의결하여 취득한 "D모양의 어머니는 학부모 대의원회 일원으로 학교 생활에 활발하게 참여하며 L 교감과 M 부장, N 부장과의 친분을 쌓았으며 D모양은 학생회대의원회의 바른생활부 부장으로 학교의 중요 회의에 학생대표로 참여하며 대부분의 학교행사에 중추적 역할을 하고 있음.

D모양은 바른 생활부 부장이라는 타이틀이 무색할 만큼 담배를 피우고 여러 학생들간의 이간질과 학교폭력의 가해자로 아이들에게 비난을 받고 있으나 오히려 피해 아이들은 D모양이 학생부장인 M과 친하다는 이유로 학교폭력 피해사실을 신고하지 못할 정도로 두려움에 떨다가 피해학생 학부모들이 학생부장을 학교폭력위원회에서 제외시켜달라고 교장선생님에게 직접 학교 폭력 신고를 하였음.

그러나 학교 폭력 조사 중에 L 교감의 편향된 모습을 지적함. 학교측은 오히려 주요 사건의 가해자로 지목된 D모양의 학교폭력 사건을 무마하기 위해 피해학생들이 D모양의 학교폭력 가해행위에 대해 서로 토로하는 내용이 담긴 E방을 근거(현재 남아 있지도 않은 증거도 없는 SNS)로 D모양을 학교폭력 사건의 피해자로 둔갑시켜 여러 학생들을 학교폭력 사건의 가해자로 몰리게 하였음.", "또한 D모양은 수업시간에 무단으로 나가 다른 여학생을 불러내어 싸우는 등, 교칙을 위반했으나 이 또한 1학년부 N 부장은 가벼운 처벌로 무마하는 등 D모양 학생의 학교 폭력 행위에 대해 편향적으로 처벌함.

B고의 선량한 다수의 학생들은 내년에도 D모양과 같은 반이 될까 두려워하고 있으며 'D모양에 대해 학교폭력 신고를 해도 어차피 제대로 처리되지 않을 것인데 신고해봐야 소용없다'며 D모양의 학교 폭력 가해 행동에 대해 신고할 수 없는 상황에 불만을 나타내고 있음. D모양은 주위 친구들에게 '본인은 담배를 피우거나 술을 마셔도 교감(L)고 부장(M)이 내편이기 때문에 나는 걸리지 않는다.'라고 은근히 친구들에게 자랑하고 다닐 정도임(D모양이 말한 E 증거도 있음).", "학생회 바른생활부 부장 D모양 : M 부장과 교감의 비호로 학생들에게 학교 폭력행위를 지속적으로 하고 있으나 무마되었고 교사에 대한 사찰행위를 하고 거짓된 소문을 퍼트리고 있음. 교사나 학생들 모두 D모양에게 눈치를 보는 실정"이라는 내용이 기재된 **'F'라는 제목으로 문서를 배포함으로써 피해학생과 가해학생 개인의 개인정보에 관한 사항이나 외부로 누설될 경우 분쟁당사자 간에 논란을 일으킬 우려가 있음이 명백한 사항을 누설하였다.**

위 사례는 피고인이 학교폭력자치위원회의 위원으로서 학교폭력자치위원회에서 D 학생과 관련하여 심의·의결하여 취득한 피해학생과 가해학생 개인의 개인정보에 관한 사항 등 직무로 인하여 알게 된 비밀 또는 가해학생·피해학생과 관련된 자료를 문서로 배포한 행위에 대하여 형사처벌이 내려진 경우이다.

피고인은 위 문서로 배포된 자료 내용이 '비밀'에 해당하지 않는다고 주장하였다. 그러나 법원은 ① 피고인이 배포한 문서는 피해학생의 학부모들이 직접 교장 선생님에게 D모양과 관련된 학교 폭력 신고를 하였다는 내용과 D모양이 학교폭력의 행위를 지속적으로 하는 가해학생이라는 내용을 포함하고 있는 바, 이는 D모양이 학교폭력위원회에 소집되었고 그에 따른 처분 결과가 있었다는 의미를 내포하고 있어서 학교폭력위원회의 의결내용과 관련이 있고, ② 문서에 적시된 'D'가 누구인지 특정이 충분히 가능하며, ③ '학교측이 D모양 학생의 학교 폭력 행위에 대해 편향적으로 처벌하였다는 부분'이나 'D가 학교폭력의 가해자일 뿐, 피해자로 볼 수 없다는 부분'은, 그 진위 여부와 관련하여 논란을 일으킬 우려가 있고, ④ 학교폭력 예방 및 대책에 관한 법률이 피해학생의 보호, 가해학생의 선도·교육 및 피해학생과 가해학생 간의 분쟁조정을 통하여 학생의 인권을 보호하고 학생을 건전한 사회구성원으로 육성함을 목적으로 하는 점에 비추어볼 때, 위 문서에 포함된 내용은 학생의 인권을 보호하고 건전한 사회구성원으로 육성함에 부합하지 않는바, 그 목적이 어떠하였더라도 위와 같은 내용은 누설이 금지될 필요성이 있다는 등의 이유로 피고인의 주장을 받아들이지 않았다.

학교폭력 신고사례와 행정심판

초판 1쇄 인쇄 : 2024년 10월 1일

지은이 : 문인곤

편집 기획 : 장광호

발행처 : 청춘미디어

출판등록 : 204년 7월 24일, 2014-02호

전화 : 010 9633 1353

메일 : Stevenjangs@gmail.com

책값 : 14,900원(만사천구백원)